Y

Revue für Psychoanalyse

Herausgegeben von Michael Meyer zum Wischen

Wissenschaftlicher Beirat

Jean Allouch (Paris)
Bernard Baas (Strasbourg)
Hanjo Berressem (Köln)
Jean Bollack (Lille) †
Néstor Braunstein (Mexico City)
Marcus Coelen (Paris/München)
Monique David-Ménard (Paris)
Tim Dean (Buffalo)
Klaus Ebner (Augsburg)
Daisuke Fukuda (Tokyo)
Patricia Gherovici (Philadelphia)
Harald Greil (Hamburg)
Insa Härtel (Berlin)
Annemarie Hamad (Paris)
Dominiek Hoens (Gent/Maastricht)
Franz Kaltenbeck (Lille/Paris)
Maximilian Kleiner (Eulingen)
Christian Kupke (Berlin)
Darian Leader (London)
Katrien Libbrecht (Sleidinge)
Sylvain Masschelier (Lille)
Geneviève Morel (Lille/Paris)
Peter Müller (Karlsruhe)
Claude Rabant (Paris)
Esteban Radiszcz (Santiago de Chile)
Renata Salecl (Ljubljana/London/New York City)
Edith Seifert (Berlin/Innsbruck)
Anna Tuschling (Bochum)
Rivka Warshawsky (Tel Aviv)
Mai Wegener (Berlin)
Slavoj Žižek (Ljubljana)

Y – Revue für Psychoanalyse, 2/2013

Psychoanalyse und Wissen

Herausgegeben von Michael Meyer zum Wischen

Bibliografische Information der Deutschen Bibliothek
Die Deutsche Bibliothek verzeichnet diese Publikation in der Deutschen Nationalbibliografie; detaillierte bibliografische Daten sind im Internet über http://dnb.ddb.de abrufbar.

© Parodos Verlag Berlin 2013
Alle Rechte vorbehalten

Redaktion:
Michael Meyer zum Wischen (Köln, Paris)
Barbara Buhl (Köln)
Andreas Hammer (Kfar Saba, Köln)
Béatrice Lefèvre-Ludwig (Köln)
Susanne Müller (Paris, Köln)
Eckhard Rhode (Hamburg)
Karin Schlechter (Köln)
Corinna Sigmund (Bonn)

Redaktionskontakt:
praxismzw@web.de, barb.buhl@t-online.de, praxis@andreashammer.com, bealud@web.de, suzanne.muller@yahoo.fr, eckhard.rhode@gmx.net, ka.schlechter@googlemail.com, corinnasigmund@googlemail.com

Y – Revue für Psychoanalyse erscheint zweimal im Jahr. Einzelheft: 17,00 EUR. Einzelheftbezug im Buchhandel oder beim Verlag (zzgl. Versandkosten: 1,50 EUR Deutschland; 3,50 EUR außerhalb Deutschlands). Jahresabonnement: 28,00 EUR (zzgl. Versandkosten: 3,00 EUR Deutschland; 7,00 EUR außerhalb Deutschlands). Abonnementbestellungen bitte an Verlag: info@parodos.de. Manuskripteinreichungen bitte an eines der Redaktionsmitglieder per E-Mail.

Titelgestaltung: Katrin Schoof, Berlin

PARODOS Verlag
Traunsteiner Str. 7
D-10781 Berlin
info@parodos.de
www.parodos.de

ISBN 978-3-938880-66-1

ISSN 2194-3494

Inhaltsverzeichnis

Editorial — 7

Michael Meyer zum Wischen
Wissen in der Psychoanalyse
Vom unbekannten Soldaten, der auf dem Feld
des Genießens fast gefallen wäre — 13

Johanna Stute-Cadiot
«Les cahiers pour l'analyse», historische Anhaltspunkte zur
Gründergruppe der «Stürmer und Dränger» von 1966 — 30

Alain Lemosof
Das Objekt der Psychoanalyse
Teil I: Die Wissenschaft und die Wahrheit
Ein Kommentar — 37

Geneviève Morel
Gender, Über-Ich und Anrufung (Interpellation)
Über *Tomboy* von Céline Sciamma — 50

Franz Kaltenbeck
Noch etwas zu *orvieto* — 65

Eckhard Rhode
«… eine Pranke in den Nacken der Erkenntnis …» — 88

Programm der Kölner Akademie für
Psychoanalyse Jacques Lacan KAPJL — 94

Editorial

«Das Wissen, das ist ein Rätsel. Dieses Rätsel ist uns vergegenwärtigt durch das Unbewusste, so wie es sich enthüllt hat durch den analytischen Diskurs. Es läßt sich so aussprechen – für das sprechende Wesen ist das Wissen das, was sich artikuliert ... Die Sprache ohne Zweifel ist gemacht aus lalangue. Das ist eine mühselige Ausarbeitung von Wissen über lalangue. Aber das Unbewusste ist ein Wissen, ein savoir-faire mit lalangue.»[1]

Von Beginn seines Werkes an hat Jacques Lacan die Frage des Wissens zu einer zentralen der Psychoanalyse gemacht. Mit zwei der von ihm als «Grundbegriffe der Psychoanalyse» bestimmten Konzepte – dem des Unbewussten wie dem der Übertragung – ist das Wissen eng verbunden: indem Lacan das Freud'sche Unbewusste als ein Wissen begreifen kann, das sich nicht weiß, und indem er die Übertragung vom «Subjekt-dem-Wissen-unterstellt-wird» ableitet.

Es erstaunt nicht, dass die im Werk Lacans zunehmende Kritik des Freud'schen Unbewussten als eine Infragestellung der Theorie der Repräsentanz und Hervorhebung des Nicht-Vorstellbaren auch zu einer zunehmenden Distanz zum Wissen, und erst recht der Wissenschaft, geführt hat.

Das heißt aber nicht, dass das Wissen ganz abzudanken hätte, vielmehr gilt es, seinen Wirkungsbereich genauer zu bestimmen: «... kein Wissen als das des Un-Sinns.»[2]

Das könnte implizieren, dass der Psychoanalytiker das Wissen eines je singulären Subjekts als die ihm besondere Art und Weise begreift, aus dem Unsinn des Realen einen je eigenen Un-Sinn produzieren zu können, als den man das Unbewusste ansehen kann. Zwischen dem Wissen (S 2) und dem, was sich aus ihm produziert, besteht kein formalisierbarer Rapport, es geht um kontigente Ereignisse, «Sinnstreiche», wie wir sie mit Lacan nennen können : «Das ist ein Sinnstreich, es ist ein Weißsinn (sens blanc/semblant). Es gibt die ganze Distanz, die ich mit S2 bezeichnet habe, zu dem, was es produziert.»[3]

In einer solchen Perspektive taucht das Unbewusste sowohl als «Savoir-y-faire» wie auch als «Semblant» (Schein) auf: Man kann es als das Wissen begreifen, das sich ständig als Semblant neu erfindet, um einen Schutzschirm gegenüber dem Realen aufzubauen. Das Subjekt wäre genau dieser performative Ort eines Wissens, mit dem Trauma des Realen einen Umgang zu finden.

Das unbewusste Wissen führt damit zu einer notwendigen, aber von keinem Meistersignifikanten ableitbaren Sinnschöpfung, einer Art Umgang mit dem Traumatischen des Realen und Ausarbeitung des in der Sprache selbst wurzelnden Genießens; es wird zu einem «Gespinst», wie man das französische Wort «élucubration», das Lacan in «Encore» einführt, auch übersetzen könnte.[4]

Es soll hier nicht übergangen werden, dass die Lacan'sche Theorie des Wissens sowohl für die Frage des Übergangs vom Analysanten zum Analytiker (die Passe) und das Band zwischen den Analytikern entscheidend ist als auch wichtige politische Aspekte mit sich bringt.

Im «L'Insu ...» sagt Lacan:

> «Die passe, um die es sich handelt, habe ich nur in einer tastenden Weise in Erwägung gezogen, als etwas, das nichts anderes heißt als sich untereinander (entre s[av]oir) anzuerkennen, wenn ich mich so ausdrücken darf, unter der Bedingung, dass wir da ein av einfügen, nach dem ersten Buchstaben; sich anerkennen zwischen Wissen.»[5]

Die Frage, wie dieser Prozess der wechselseitigen Anerkennung des singulären Wissens der einzelnen Analytiker einen institutionellen Platz finden kann, spaltet bis heute die psychoanalytischen Gesellungen und Schulen, die sich von der Theorie und Praxis Jacques Lacans herleiten. Ihre weitere Ausarbeitung scheint mir ein für die Psychoanalyse unumgängliches Projekt, wenn diese ihren Platz in der Cité behaupten soll. Politisch geht es dabei auch um die zu behauptende Stellung der Singularität angesichts des Realen, die auf Grund zunehmender biopolitischer Manipulation und Kontrolle immer bedrohter erscheint.

Wenn also das Wissen mit Bezug auf das Subjekt bestimmt wird, wenn sein Bezug zur Wahrheit und zum Genießen dabei auf dem Spiel steht, hat dies auch gesellschaftliche Konsequenzen.

Lacan hat auf diese bereits in «Encore» hingewiesen.

Lacan hat seine Gedanken zum Wissen nicht ohne ständige Auseinandersetzung mit der Philosophie entwickelt; so trifft man auf Platon, Aristoteles, Kues, Kant, Hegel, Wittgenstein, Bataille und viele andere. Allein dies macht einen Austausch der Psychoanalyse in Folge Lacans mit der Philosophie notwendig.

Wenn Lacan aber auch immer wieder auf das implizite Wissen von Dichtern (so Claudel, Duras, Gide, Joyce und viele andere) zurückgriff, stellt sich die Frage, ob man nicht auch von einem poetischen Wissen sprechen muss, auf das die Psychoanalyse zurückgreifen kann.

Aber auch andere Formen der Kunst, so der Film, bieten Möglichkeiten einer Befragung und zugleich Infragestellung des Wissens.

Y 4 bietet deshalb verschiedene Zugänge, um sich der Frage zu nähern, was es mit dem Wissen auf sich hat.

In seiner Arbeit «Wissen in der Psychoanalyse. Vom unbekannten Soldaten, der auf dem Feld des Genießens fast gefallen wäre» geht Michael Meyer zum Wischen von einer Fallgeschichte aus, in der der klinische Einsatz des komplexen Verhältnisses von Wissen und Genießen deutlich wird. Die geschilderte Vignette des gescheiterten Suizidversuchs eines Soldaten weist dabei darauf hin, dass jede Infragestellung eines Wissens, gerade auch des Analytikers, zugleich mit einer Krise des bisherigen Genießens verbunden ist. Die von Lacan unterstrichene Unteilbarkeit der Übertragung führt dazu, dass es Analytiker wie Analysant in der Kur mit dieser notwendigen Destabilisierung des Wissens und damit des von ihm «organisierten» Genießens zu tun bekommen. Dieser Prozess bringt immer Risiken mit sich und ist ohne einen «Fall» nicht denkbar, so zum Beispiel eines bisher dominierenden Meistersignifikanten oder eines Objekts, an das sich das Subjekt bislang gehalten hat. Der Beitrag Meyer zum Wischens geht in der Folge der klinischen Episode den verschiedenen Etappen der Ausarbeitung des Konzepts des Wissens bei Lacan nach, wobei dessen Werk ab Ende der sechziger Jahre besondere Berücksichtigung findet.

In einem Beitrag zur Geschichte der Psychoanalyse, «Les cahiers pour l'analyse, historische Anhaltspunkte zur Gründergruppe der Stürmer und Dränger 1966» hebt Johanna Cadiot-Stute die große Bedeutung hervor, die der Umzug von Lacans Seminar an die Ecole normale supérieure für den weiteren Fortgang seiner Lehre und seiner Schule sowie für die Erweiterung des an seiner Psychoanalyse interessierten Publikums hatte. Gerade die durch die jungen Philosophen der ENS mitgetragene Hinwendung Lacans zur Frage des Wissens und seines Bezugs zur Wahrheit wird von Johanna Cadiot-Stute gewürdigt.

Alain Lemosof geht im ersten Teil seines Kommentars zu Lacans XIII. Seminar «Das Objekt der Psychoanalyse» mit dem Untertitel «Die Wissenschaft und die Wahrheit» auf die epistemologischen Fragen ein, die Lacan in der zweiten Hälfte der sechziger Jahre ausarbeitete und vorantrieb. Der Ausschluss des Subjekts wie der Wahrheit kennzeichnet für Lacan die moderne Wissenschaft, aus der er zugleich die Psychoanalyse hervorgehen sieht, ohne dass sie mit ihr identisch wäre. Lacans Demarche, so hebt Lemosof hervor, hat eine deutlich ethische Ausrichtung, wenn er die aus der Konstitution universitären Wissens ausgeschlossene Wahrheit des sprechenden Subjekts wieder in das Feld der Wissenschaften einzuführen versucht. Das Heterogene und nicht Beherrschbare des Objekts *a*, das aus der Teilung des Subjektes als symbolisch und imaginär nicht fassbarer Rest hervorgeht, ist zentrales Moment dieser Orientierung. Nicht zuletzt ist Lacans Seminar eine Warnung an die Psychoanalytiker, sich nicht als Inhaber feststehender Wahrheiten und eines definierten Wissenskanons zu verstehen und zu gebärden, sondern sich an die Frage der Wahrheit des Begehrens des Subjekts zu halten.

Geneviève Morels Beitrag «Gender, Über-Ich und Anrufung. Über *Tomboy* von Céline Sciamma» geht von einer gründlichen Kritik des vom kulturellen Über-Ich geprägten Genderbegriffs aus. Begreift man *Gender* im Hinblick auf die Althusser'sche Konzeption der Ideologie als eines normativen klassifikatorischen Systems, so kann man es auch als eine besondere Form des Wissens über das Geschlecht auffassen, das identifikatorisch begründet ist. Indem die Psychoanalyse erlaubt, die Ebene der imaginär bestimmten Identifikationen vom Objekt und vom Realen her in Frage zu stellen, betreibt sie Ideologiekritik und erschüttert die festgefahrenen Klischees über das Geschlecht. In einer genauen und feinen Analyse des Filmes *Tomboy* kann Geneviève Morel zeigen, wie hier die Interventionen des Blick-Objekts (wie auch einer Liebe, die darin besteht, zu geben, was man nicht hat) die realen Momente der Sexuierung der Protagonistin zur Geltung bringen.

Franz Kaltenbecks Text «Noch etwas zu *orvieto*» bietet eine äußerst vielschichtige Auslegung des Gedichtes von Reinhard Priessnitz, dem es, wie der Autor schreibt, besonders um die Frage ging, was aus der Wahrheit wird, wenn sie in ihrer fiktionalen Struktur erkannt wird. Das poetische Wissen, welches das Gedicht für seinen Leser bereithält, bezieht sich auf die Erkenntnis, dass es kein dem Diskurs des Gedichtes vorausgehendes Subjekt gibt wie auch keine bereits bestehende Wahrheit, sondern dass das Subjekt erst durch das Gedicht hervorgebracht wird. Franz Kaltenbeck arbeitet außerdem heraus, was poetische Freiheit heißen könnte, wenn man dem Gedicht von Priessnitz folgt, und begründet diese in einer Kluft, die er im Gedicht selbst aufzeigen kann. Franz Kaltenbecks Deutung lässt erkennen, wie sich die Fragen, denen sich die Psychoanalyse zu stellen hat (so der Wahrheit als Schein, der Wahl des Subjekts, der Schrift …), in der Poesie entfalten und wie das in dieser enthaltene textuelle Wissen für jene produktiv gemacht werden kann.

Ein weiteres Gedicht von Reinhard Priessnitz, «white horse song», steht im Zentrum von Eckhard Rhodes Text «… eine pranke in den nacken der erkenntnis …». Der Autor schenkt dabei der auch für die Psychoanalyse entscheidenden und von Lacan häufiger aufgegriffenen Frage nach dem Scheitern des Wissens besondere Aufmerksamkeit. Dass das, was sich dem Schreiben entzieht, geschrieben werden kann und muss, ist vermutlich ein für die Psychoanalyse besonders wertvolles Fundstück poetischen Wissens. Es berührt auch die weiter zu bearbeitende Frage des notwendigen Scheiterns jeder psychoanalytischen Kur, die vielleicht wie die von Franz Kaltenbeck beschriebene Kluft im Zentrum des von ihm interpretierten Gedichts Grund für eine Wahl des Subjekts und damit seiner Freiheit werden kann. Mit Eckhard Rhode kann man sagen, dass das poetische Wissen um das, was sich der Sprache entzieht, auch ein für die Psychoanalyse unverzichtbares Wissen darstellt und dass der Analytiker gerade hier bestens daran tut, den Schritten des Dichters zu folgen.

Besonders danken möchte ich Felix Meyer zum Wischen, Susanne Müller, Eckhard Rhode und Corinna Sigmund für ihr großes Engagement bei der redaktionellen Erstellung dieses Heftes sowie bei den verschiedenen Lektüren und Übersetzungen, die für sein Entstehen notwendig waren.

Michael Meyer zum Wischen

Anmerkungen

1 Lacan, J. (1986) Das Seminar, Buch XX. Encore. Übersetzung ins Deutsche durch Norbert Haas. Weinheim/Berlin, 150-151.
2 Lacan, J. (1988) Television (1974). Übersetzung ins Deutsche von Hinrich Lühmann und Jutta Prasse. Weinheim, Berlin, 77.
3 Lacan, J. (1976/1977) Das Seminar, Buch XXIV L'Insu que sait de l'une-bévue s'aile à mourre. Übersetzung ins Deutsche durch Max Kleiner. Arbeitsmateri-

alien 4 des Lacan Seminars Bregenz, 87-88.
4   Norbert Haas übersetzt es mit «Ausarbeitung» (siehe Fußnote 1), das den «verrückten» Charakter jeden Wissens aber vielleicht zu wenig anklingen lässt.
5   Lacan, J. (1976/1977) Das Seminar, Buch XXIV L'Insu que sait de l'une-bévue s'aile à mourre. Übersetzung ins Deutsche durch Max Kleiner. Arbeitsmaterialien 4 des Lacan Seminars Bregenz, 58.

Michael Meyer zum Wischen

Wissen in der Psychoanalyse
Vom unbekannten Soldaten, der auf dem Feld des Genießens fast gefallen wäre

> Jacques Lacan hat dem Wissen ein besonderes Gewicht für Theorie und Praxis der Psychoanalyse beigemessen. So bestimmt er zu Beginn seines Werkes das Unbewusste als ein Wissen, das sich nicht weiß, und konzipiert die Übertragung ausgehend vom Subjekt-dem-Wissen-unterstellt-wird. Dieser Beitrag versucht der vielschichtigen Entwicklung der Theorie des Wissens bei Lacan nachzugehen, das in seinem Spätwerk als ein Umgang mit dem in der Sprache wurzelnden Genießen von lalangue begriffen wird. Ergänzt werden diese theoretischen Überlegungen von einer klinischen Vignette, in der es um den Fall des Wissens des Analytikers geht, der sich angesichts eines traumatischen Genießens ereignet, das in der Übertragung sowohl den Analytiker selbst wie den Patienten (potentiellen) Analysanten betrifft.

Ich möchte meine Überlegungen zur Frage des Wissens in der Psychoanalyse mit einer mir wichtigen Erfahrung beginnen, die mich auf meinem Weg zur und mit der Psychoanalyse wesentlich bestimmt haben dürfte.

Kurz nach meiner Approbation zum Arzt arbeitete ich in der psychiatrisch-neurologischen Abteilung eines Bundeswehrkrankenhauses. Es wurde mir damals ein junger Soldat als Patient zugewiesen, der in der Dusche *gefallen* war und sich eine Gehirnerschütterung zugezogen hatte. In solchen *Fällen* wurden damals CT-Aufnahmen des Gehirns gemacht. Bei meinem Patienten zeigten sich dabei einige Veränderungen, die auf einen frühkindlichen Hirnschaden hinwiesen. Unter diesen Bedingungen war eine Entlassung aus der Bundeswehr möglich. Ich befand mich damals mit dieser Institution in Konflikt und es lag deshalb für mich nahe, dieser Soldat wünsche nichts mehr, als bald die Truppe verlassen zu können. So teilte ich ihm mit, er könne schon bald aus der Armee entlassen werden. Die Panik, die dies bei ihm auslöste, realisierte ich nicht. Es kam dann noch zu einer Fehlleistung eines Krankenpflegers, die der Patient als Vorboten weiteren Unheils ansah –, was ihn immer mehr in einen Zustand der Verzweiflung trieb. Am selben Tag noch stürzte er sich vom fünften Stock des Hospitals, nachdem ihm die Ankunft seiner Mutter angekündigt worden war. Seinen *Fall* vom Balkon sah ich bei einem Blick aus dem Fenster mit großem Erschrecken (man könnte sagen, das Phantasma sei ein Fenster auf das Reale hin). Ich eilte auf die Station zurück, wo ich gewissermaßen in die Arme der Mutter des Soldaten *fiel*, die ihren Sohn überall suchte. Mir blieb nichts, als ihr den Sturz des Sohnes mitzuteilen, worauf sie – ohne Zögern und indem sie „militärische Haltung" annahm – sagte, ihr Vater sei auch vor Stalingrad *gefallen* und es sei ihr eine Ehre, dass auch ihr Sohn in Ausübung seines Dienstes als Soldat ein ähnliches Schicksal habe. Ich erfuhr noch in diesem Gespräch, dass der Vater des Patienten schon längere Zeit tot war, er selbst als Einzelkind lange in engster Verbindung bei der Mutter gelebt habe, deren größter Wunsch es gewesen war, er möge wie der Großvater zur Armee gehen. Ich hörte nun von der Mutter, er wolle *auf jeden Fall* Feldwebel werden. Meine Intervention hatte eben diese Absicht in Frage gestellt: die ihn wahrscheinlich einerseits an den mortifizierenden Wunsch der Mutter band, andererseits aber auch eine Lösung aus seiner inzestuösen Verbindung zu ihr in Aussicht stellte. Als dies durch mein Vorgehen bedroht wurde, blieb ihm nur noch der *Fall* in das Nichts als ein Passage à l'acte. Man kann auch sagen, dass er mit seiner Angst aus dem Rahmen *fiel*, den die psychiatrische Abteilung der Bundeswehr ihm bot. Soweit ich mich erinnere, war er auch der einzige mir bekannte *Fall* eines Soldaten, der fürchtete, aus der Armee entlassen zu werden, womit er sich bis heute in seiner Singularität erweist.

Es sei noch ergänzt, dass dieser Mann wider alle Erwartung seine mehrfache Schädelfraktur mit Gehirnkontusion sowie seine multiplen inneren Verletzungen überlebte, auch hier quasi eine Ausnahme und angesichts massivster Verletzungen ein *Einzelfall*. Ihm wurden daraufhin – nach seinem unglaublichen Überleben – von der Bundeswehr keine Hemmnisse in den Weg gelegt, Feldwebel zu werden. Die Ernennung zum ersehnten Dienstgrad, sein Aufstieg nach dem *Fall*, kommt mir rückblickend wie eine Dekoration vor, wie eine Auszeichnung; derart, wie sie Soldaten erhalten, die sich im Feld besonders tapfer vor dem Feind erwiesen haben. Vermutlich wäre dieser Mann angesichts seiner in der Tat bestehenden intellektuellen Einschränkungen ohne den *Fall* aus der Psychiatrie auch nie befördert worden: eine Angst, sein Ziel zu verfehlen, war – nach allem, was man wissen kann – seinem Sturz in der Dusche vorausgegangen. Es hatte nämlich zuvor ungünstige Beurteilungen seiner militärischen Eignung gegeben. Man könnte sagen, dass vor den geschilderten dramatischen Ereignissen ein für ihn ungünstiges Urteil *gefallen* war, das sich fast als Todesurteil erwiesen hätte.

Er besuchte mich fast ein Jahr später voller Stolz – nach etlichen Monaten von Operationen und Behandlungen auf der Intensivstation –, wobei es ihm wichtig war zu betonen, er habe sich nicht umbringen wollen, sondern sei gestürzt, als er vom Balkon nach der Mutter Ausschau gehalten habe. Heute würde ich dies noch anders hören können als damals: dass es im Sinne Lacans ganz konkret um das Feld des Genießens ging, auf dem dieser junge Soldat zu *fallen* drohte: Es ging um ein tödliches, inzestuöses Genießen, ein Jenseits des Lustprinzips im Sinne Freuds, das diesen Mann an seine Mutter kettete.

Ich hatte zu dieser Zeit noch kein größeres Wissen über die Theorie der Psychoanalyse, geschweige denn der des Signifikanten bei Lacan. Ich konnte aber auch schon damals – après coup – etwas vom Gewicht des Wortes «*fallen*» hören, dass dieses Subjekt mit schicksalhafter Kraft fast in den Tod trieb. Ich erfuhr in einer mich erschütternden Weise, wie der *Fall* des «unbekannten Soldaten» zu meinem eigenen *Fall* wurde. Ich würde heute sagen, dass wir zu zweit unter dem Signifikanten des «*Falles*» in einer einzigen, unteilbaren Übertragung eingeschlossen waren und beide nicht wussten, wie uns geschah. Ich realisierte nun, dass mich mein Patient auch mit mir selbst als «unbekannten Soldaten» konfrontierte. Ich bekam in dieser Situation die ängstigende Idee von der potentiell zerstörerischen Macht der Verkennung, einer Méconnaissance, die gerade dort auftaucht, wo eine Connaissance, eine Kenntnis, erwartet wird. So war ich ein Con, ein Blödmann; konnte es aber noch nicht in rechter Weise sein.[1]

Dieser *Fall*, der auch für mich zu einer Art Absturz führte, brachte mich in der Folge dazu, den ersten Abschnitt meiner Analyse zu wagen. Ich konnte beginnen, einige der Signifikanten zu hören, die mich selber in die Armee geführt und dazu beigetragen hatten, dass ich meinem Patienten nicht gut zuhören konnte. So erfuhr ich, ohne damals schon Lacan gelesen zu haben, *was sein Diktum heißen kann, der Widerstand sei vor allem der des Analytikers*. Es ging in meiner eigenen Analyse auch darum, etwas davon zu erfahren, in welcher Weise ich gegenüber dem Begehren und dem Genießen des Anderen den Platz des Objektes einnehme, eines Objektes, das immer auch mit seinem *Fall* verbunden ist.

Welches Wissen hätte mir also zur Hilfe kommen können, welcher Diskurs?²

Hierzu möchte ich auf einige wichtige Bezugspunkte der Lehre Lacans eingehen, die mir für meine Arbeit entscheidend scheinen. Lacan hat von Beginn an der Frage des Wissens in der Psychoanalyse besondere Bedeutung beigemessen und es mit den Dimensionen der Wahrheit und des Genießens in enge Verbindung gebracht. Er hat 1971 sogar ein eigenes Seminar an Sainte Anne dem «Savoir du psychanalyste» gewidmet.

Lacan sucht also nach etlichen Jahren wieder einen wichtigen Ort der Psychiatrie auf, an dem er die Frage nach dem Wissen stellt.

Nicht ohne Enttäuschung bemerkt er, dass die Psychoanalyse der Psychiatrie nicht den erwünschten Zuwachs an Wissen gebracht habe, aber auch, dass die Antipsychiatrie keine Lösung der Schwierigkeiten der Psychiatrie darstelle, zu einem ihr entsprechenden Wissen zu gelangen. Die Antipsychiatrie diene vor allem der Entlastung der Psychiater, die sich mit ihr der Frage des Wissens entziehen können.³

Lacan unterstreicht, dass die Psychoanalyse an der sensiblen Grenze von Wahrheit und Wissen angesiedelt ist[4], wobei die Wahrheit als subjektiv/subjektivierende Dimension des Sprechwesens Mensch verstanden werden muss. Sie taucht ereignishaft auf, wenn das Subjekt dort ankommt, ja dort erst wahrhaft entsteht, wo es/Es gerade noch gesprochen hat; das heißt: in Träumen oder allen Arten von Fehlleistungen. Freud sprach hier vom anderen Schauplatz als Ort des Unbewussten[5]. Dieses Unbewusste wurde von Freud als nicht gewusstes Wissen konzeptualisiert. Es kommt uns vom Anderen, es geht bei ihm um ein ursprüngliches Wissen ohne Subjekt. Dieses wurzelt, wie Lacan es im Seminar «Le savoir du psychanalyste» erstmals ausführte, in «Lalangue», dem ursprünglichen Bad der Äquivoke der Muttersprache, in die das Kind von Anfang an geworfen ist und die es sich im Verlauf seiner Subjektivierung erst aneignen muss. Das Unbewusste als nicht gewusstes Wissen ist somit immer singulär und nicht kollektiv, es ist eine partikuläre Ausarbeitung von «Lalangue» durch ein einzelnes Sprechwesen. Lacan hebt deshalb hervor, dass das Unbewusste *wie eine* Sprache strukturiert ist[6], was zwei Missverständnissen Einhalt gebietet: einerseits, dass das nicht gewusste Wissen des Unbewussten die Sprache *ist*, was die Psychoanalyse in die Nähe angewandter Psycholinguistik brächte. Hier liegt die Bedeutung des *wie*. Das Wort *eine* wiederum ist deshalb wesentlich, weil es auf die Bedeutung der Singularität des Unbewussten verweist. Es gibt für Lacan keine generalisierbare Kenntnis des Unbewussten, zum Beispiel auch keine allgemeine Archetypenlehre wie bei Jung. Dies heißt aber nicht, dass die Psychoanalytiker jedes Wissen zurückweisen sollten, denn das Wissen um das Unbewusste ist für die Psychoanalyse konstitutiv.[7] Lacan hat in seinem Seminar in Sainte Anne auf sein Studium der Schriften des Nikolaus von Kues zurückgreifen können[8], vor allem dessen «Docta ignorantia», bei der die Ignoranz das Wissen auf seine höchste Stufe bringt und es keinesfalls annulliert.[9] Kues schrieb: «... so wünschen wir uns unter den angegebenen Umständen ein Wissen um unser Nichtwissen ... Es wird einer umso gelehrter sein, je mehr er um sein Nichtwissen weiss.»[10] Wie 1971 hat Lacan bereits in seinem ersten Seminar 1954 eine gewisse Idolisierung des Nicht-Wissens, wie man sie zum Teil bei Georges Bataille finden kann, kritisch kommentiert: «Mit anderen Worten, die Position des Analytikers muss die einer *ignorantia docta* sein, was nicht *wissende* bedeutet, sondern *formale*, und die, für das Subjekt, formierend sein kann. Die Versuchung ist groß, weil sie in der Luft der Zeit liegt, dieser Zeit des Hasses, die *ignorantia docta* in das umzuwandeln, was ich, das ist nicht von gestern, eine *ignorantia docens* genannt habe. Wenn der Psychoanalytiker glaubt, etwas zu wissen, in Psychologie zum Beispiel, so ist das schon der Untergang ...»[11] Und im siebten Seminar führt Lacan aus, «... dass es kein Wissen gibt, das sich nicht auf einem Grund von Unwissenheit erhebt.»[12] Dazu gehört, «... dass der Analytiker in einem gewissen Sinn sich sehr deutlich bewusst ist, dass er nicht wissen kann, was er in der Analyse tut. Es gibt einen Teil an diesem Handeln, der ihm selbst verhüllt bleibt.»[13]

Lacans Position ist also äußerst differenziert: Er polarisiert Wissen und Nichtwissen nicht, sondern stellt sie als aufeinander bezogen dar, was an Freuds Darstellung des Nabels des Traums denken lässt, bei dem der Traum, als Paradigma des Unbewussten, «dem Unerkannten aufsitzt.»[14] Dieses «Unerkannte» hat Lacan als Dimension des Realen weiter ausgearbeitet, worauf noch zurückgekommen werden soll. Wir können hier schon festhalten, dass das deutsche Wort «aufsitzen» den fiktionalen und trügerischen Charakter des Unbewussten und damit des Wissens hervorhebt, das so als eine Art Schein (semblant) auftaucht, auf den man hereinfällt. Das in Freuds Metapher erwähnte Pilzmyzel, mit dem er das Unbewusste des Traums vergleicht, lässt zudem an eine Textur denken, bezüglich derer der

Psychoanalytiker durchaus etwas wissen sollte. Das Wissen des Psychoanalytikers ist in einer solchen Perspektive Wissen um das je singuläre Aufsitzen des Unbewussten in Hinblick auf das Unerkennbare des Realen. Zwischen der Textur und dem unerkennbaren Nabel, so können wir jedoch annehmen, besteht ein grundsätzlicher Non-Rapport, der es unmöglich macht, das Unbewusste zu lexikalisieren, wie Lacan im «Savoir du psychanalyste» hervorhebt.[15]

Franz Kaltenbeck hat darauf hingewiesen[16], dass Lacan in der «Proposition du 9 octobre 1967 sur le psychanalyste de l'Ecole» Freuds Rat an die Psychoanalytiker wieder aufgegriffen hat, den Fällen «unbefangen und voraussetzungslos entgegen zu treten» und so zu verfahren, «... als ob wir aus den ersten Entzifferungen des Unbewussten nichts erworben hätten.»[17] Dieser wichtige Hinweis Kaltenbecks verweist darauf, dass Lacan die Ethik der Psychoanalyse an diesem Wendepunkt seiner Schule mit der Frage des Wissens verbindet. Jeder Fall ist als *einer* zu nehmen.

In ihm finden wir eine je eine besondere, oft überraschende Weise der Begegnung des Unbewussten mit dem Realen. Das entschlüsselbare textuelle Wissen bleibt also auf ein Unerkanntes bezogen, ein Loch im Wissen selbst, dem Rechnung zu tragen ist. Gerade darum sollte der Psychoanalytiker wissen. Lacan sagt in der «Proposition», dass der Analytiker zwar von dem ihm vom Analysanten in der Übertragung unterstellten Wissen nichts weiß, dass ihn dies aber keinesfalls dazu autorisiert, sich damit zu begnügen, dass er weiß, dass er nichts weiß: «Denn, worum es geht, ist das, was er zu wissen hat.»[18] Am Beispiel des Sophisten, des Talmudisten, des Geschichtenerzählers, Poeten oder Redners weist Lacan auf mögliche Wege hin, mit denen sich der Psychoanalytiker dem Wissen nähern kann.[19] Es wäre interessant zu verfolgen, in welcher Weise in den einzelnen von Lacan angeführten Formen des Textbezugs der Platz des Realen angesiedelt wird. Die Textur, das textuelle Netz des Unbewussten bleibt für Lacan jedenfalls stets auf das Unerkennbare des Realen bezogen, das er, besonders ab den siebziger Jahren, mit dem sexuellen Non-Rapport verknüpfen wird.

Insofern unterstreicht Lacan, wie im XVIII. Seminar, dass man zwar sagen kann, das Scheitern sei dem Wissen als sein eigenster Abgrund inhärent, insofern es immer an das Reale, das Unerkennbare des Genießens stößt. Dies aber erlaubt nicht zu sagen, das Wissen scheitere schlechthin.[20] Ähnliches kommt in Lacans Wortspiel, einer Homonymie, vom «pas de savoir» zum Ausdruck, was sowohl den Schritt des Wissens wie das Nicht des Wissens anspricht.[21] Im Verzicht auf Wissen wird oft ein Fortschritt des Wissens möglich.

Bislang haben wir vor allem dem Zusammenhang des Wissens mit dem Unbewussten, besonders hinsichtlich der Wahrheit des Subjekts, Aufmerksamkeit geschenkt und das nicht gewusste Wissen des Unbewussten als singuläre Weise einer Begegnung mit dem Realen aufgefasst, als seine Fügung und Säumung. Dieser Gesichtspunkt verdient nun genauere Beachtung.

Im bereits zitierten Seminar «Le savoir du psychanalyste» hebt Lacan hervor, dass die analytische Deutung bei weitem nicht nur auf die Entschlüsselung des Unbewussten zielt, also eine Dechiffrierung eines nicht gewussten Wissens, sondern darüber hinaus das Genießen des Subjekts berühren muss, das sich über die Insistenz des Buchstabens artikuliert.[22] Dieser, als materielle Basis des Signifikanten, wurzelt im Realen und operiert auf der Ebene des Körpers, wobei er seine Art und Weise des Genießens reguliert.[23] Lacan streicht heraus, dass das unbewusste Wissen der langage ein sprachlich strukturiertes Wissen über das Genießen von «Lalangue» impliziert. So kommt er zum Schluss: «Das Wissen ist von der Ordnung des Genießens.»[24] Wenn die analytische Deutung also etwas an Wahrheit artikuliert, dann, weil sie auf das Wissen im Hinblick auf das Genießen zielt.[25] Ich möchte hierbei an den von Michel Foucault hervorgehobenen «Gebrauch der Lüste»[26] erinnern, der auch eine Wahrheit über das Genießen impliziert und gleichzeitig nach den Bedingungen ihrer Hervorbringung fragt.

Hier kommt wieder der Andere ins Spiel, denn «Lalangue» mit ihrem Bad an Äquivoken kommt dem Menschen als Muttersprache vom Anderen her, und es geht darum, wie er sich in ihr als Subjekt verankern kann. Dieser Andere wird von Lacan im siebzehnten Seminar auch als «voller Leib» bezeichnet, als eine Art monströses trojanisches Pferd, das Anlass zum Phantasma eines totalen Wissens gebe.[27] Er sagt hier auch, er nenne Wissen das Genießen des Anderen[28], was wohl als Genitivus subjectivus wie objectivus zu hören ist. So ist das Menschenkind durch die ihm von der Mutter(sprache) auferlegten Worte sowohl Objekt des Genießens wie auch dessen Subjekt. Es muss zu einer eigenen Weise des Genießens in der Sprache finden, die immer seinen Körper impliziert, dessen Öffnungen erotisiert und seine Triebe kanalisiert. Diese Funktion einer Regulierung des Genießens wird – wie Lacan es lange vertritt – vom Signifikanten vorgenommen.[29] Zu fragen ist aber durchaus, ob die Theorie des Sinthoms nicht die vom Signifikanten «überragen» wird. Es erstaunt nach all dem nicht so sehr, dass Lacan in diesem Seminar, «L'envers de la psychanalyse», «das Feld des Genießens»[30] («le champ de la jouissance») als sein eigenstes Feld bestimmt. Im Seminar des folgenden Jahres «D'un discours qui ne serait pas du semblant» hat Lacan die Frage des Wissens in seinem Verhältnis zum Genießen dann so fortgeführt, dass er den Buchstaben als Gestade zwischen Genießen und Wissen bestimmte[31], lokalisiert am Ufer des Loches im Wissen[32]. Er führt dabei weiter aus, dass das Wissen – als Signifikantenkette – symbolisch organisiert und damit Schein (semblant) ist, wohingegen der Buchstabe dem Realen zugehört und damit auch dem Genießen näher steht.[33]

Man kann vielleicht sagen, dass Lacan im Verlaufe der Seminare der späten sechziger und dann der siebziger Jahre den Status des Wissens immer mehr in Frage stellte. Zeitgleich mit «Le savoir du psychanalyste», sagt er im Seminar «... ou pire», der Kern, das Wesentliche des Wissens des Analytikers sei, dass sich das Wissen am Platz der Wahrheit halte, die immer nur halb gesagt werden könne.[34] Dies heißt auch, dass das Wissen in der Psychoanalyse sich stets vom Subjekt selbst ableitet und es sich in der Kur immer aus der Arbeit des Analysanten ergibt, somit nicht aus einem vorgefertigten, unhinterfragbaren Wissen des Analytikers oder *der* Psychoanalyse. Dieses Wissen, so unterstreicht Lacan auch hier, kann sich nur von Seiten des Genießens des Subjekts herstellen.[35] Lacan betont, dass es in der Psychoanalyse nicht um die Wahrheit über das Wissen gehen könne, sondern um ein Wissen über die Wahrheit.[36] Vermutlich ist dieses Wissen nicht sehr leicht zu akzeptieren.

Auszugehen ist sogar eher von einem Nichtwissen-Wollen, sodass Lacan «Encore», das zwanzigste Seminar, so beginnen kann: «Und dann ist mir aufgegangen, dass das, was meinen Weg ausmachte, von der Ordnung des *ich will nichts davon wissen* war.»[37] Das im Körper («en corps») lokalisierbare Genießen will nicht gewusst werden, womit die Psychoanalyse stets zu tun hat. Lacan hat sich eben in genau dieses Feld des Genießens vorgewagt. Er sagt: «... und gerade darin, dass Sie mir unterstellen, von anderswo auszugehen als Sie, in jenem *ich will davon nichts wissen*, finden Sie sich an mich gebunden.»[38] Roland Léthier ist zuzustimmen, wenn er bei den zitierten Worten Lacans eine Referenz auf Bataille und zugleich eine Differenz zu ihm vermutet, da Letzterer «Madame Edwarda» damit schließt, das Wesen sei da, «um nicht zu wissen.»[39] Lacan wieder in «Encore»: «Das Unbewusste, das ist, dass das Sein, indem es spricht, genießen soll und, ich füge hinzu, *nichts weiter davon wissen möchte.* Ich füge hinzu, dass das heißen soll – *überhaupt nichts wissen.*»[40]

Der Vorgang der Subjektivierung des Genießens ist von Lacan in diesem Seminar mit einem aktiven und zugleich verlustreichen Prozess des Nehmens in Verbindung gebracht worden: «Der Status des Wissens impliziert als solches, dass es davon, Wissen, bereits gibt, und zwar im Anderen, und dass es zu nehmen ist. Darum ist es Fakt von *apprendre.* Das Subjekt resultiert daraus, *qu'il doive être appris,* dieses Wissen, und sogar mis à prix, das heißt, dass es seine Kosten sind, die es bewerten, nicht vom Tausch, sondern vom Gebrauch her. Das Wissen ist soviel wert, als es kostet, *beau-coût*, weil dafür Haut zu Markte tragen wäre, weil es schwierig wäre, schwierig was? – weniger es zu erwerben als davon zu genießen.»[41] Das Wissen bestimmt den Gebrauch des Genießens, etwas, das nicht ohne hohe Kosten, einen erheblichen Verlust, für das Subjekt vonstattengeht. Anders kann es sich jedoch nicht subjektivieren und bliebe dem Genießen des Anderen völlig ausgeliefert. So sagt Lacan schon vor «Encore» im sechzehnten Seminar, der zu zahlende Preis sei der jeweilige Verzicht auf ein uneingeschränktes Genießen.[42] Lacan hat in diesem Seminar äußerst interessante Gedanken zum Zusammenhang von Geld und Wissen entwickelt, wobei er zur Kritik eines Wissensmarktes kam, auf dem das Wissen mit einem Warenpreis gehandelt wird.[43]

Der Preis betrifft dabei das mit dem Objekt *a* verknüpfte Mehrgenießen. Die immer weiter fortschreitende Vermarktung, Normierung und Kontrolle von Wissen als ein von anonymen Instanzen gesteuerter Zugang zum Genießen hat wichtige bio-politische Implikationen.

Es gibt in «Encore» weitere wichtige Gedanken zum Wissen. Nur zwei können hier Erwähnung finden, weil sie für die weitere Entwicklung des Werkes Lacans zentral sind. Zum einen spricht Lacan davon, dass das Unbewusste ein besonderes Wissen ist, nämlich ein «Savoir-faire» mit «Lalangue».[44] Das Wissen ist eine Ausarbeitung, ein Gespinst über sie[45], zugleich eine Art von Umgang mit ihr. Wir erinnern uns, dass Lacan mit «Lalangue» den äquivoken, in Körperlichkeit und Klanglichkeit wurzelnden Charakter der Sprache meinte, wie er dem Kind zuerst begegnet und wie wir ihn bei diesem als ein Lallen vorfinden. Dieser Neologismus zielt also auf das der Sprache und dem Sprechen inhärente, den Körper erfassende Genießen, das es zugleich lautmalereisch anklingen lässt. Das spezifische «Savoir faire», die Ausarbeitung von «Lalangue», steht von nun an im Zentrum der Auseinandersetzung Lacans mit dem Freud'schen Konzept des Unbewussten als eines nicht gewussten Wissens. Der zweite Gedanke aus «Encore», der hier noch genannt werden soll, ist, dass es der sogenannte Herrensignifikant sei, der die «Kopplung des Subjekts mit dem Wissen sichert»[46]. Dieser für das Subjekt besonders bestimmende Signifikant, der selbst keinen Sinn hat und letztlich akzidentell ist, sichert die Einheit, steht aber in keinem logifizierbaren, formalisierbaren Verhältnis zum Wissen. Das heißt: Es gibt keine unhinterfragbare, vorgängige diskursive Macht, die das Wissen aus sich selbst hervorbringen könnte. Vielmehr sind Macht und Wissen voneinander zu trennen; die immer befragbare und subvertierbare Macht des Herrensignifikanten bestimmt aber oft mit großer Gewalt die Art und Weise, wie ein Subjekt Wissen produziert und sich seiner bedient.

Es war vor allem Geneviève Morel, die in den letzten Jahren die theoretischen Umgewichtungen des Werkes Lacans in seinen späten Seminaren gewürdigt und weiter ausgearbeitet hat. Morel führt aus, dass Lacan zu Beginn die Freud'sche Lehre vom Unbewussten als eines sprachlich gefassten Wissens unter Kritik seiner energetischen Begründung neu formuliert hat, im Sinne einer «Rückkehr zu Freud». Hierzu gehört die Entwicklung der Theorie des Signifikanten, wobei in einer klassischen Formulierung der Signifikant S1 das Subjekt für einen zweiten Signifikanten, S2, repräsentiert. Dieser symbolische Zugang zum Unbewussten, wurde, wie Morel deutlich macht, spätestens ab «Encore» in Frage gestellt, wo das Wort «élucubration», «Gespinst», ein starkes Gewicht bekam. Damit wurde der scheinhafte und imaginäre Charakter des Wissens gegenüber dem Genießen zentral, der sich bereits in den vorangehenden Seminaren vorbereitete. Die Einführung der realen Dimension des Unbewussten wurde an diesem Punkt zwingend, was in der Wendung Lacans im Seminar «RSI» zum Ausdruck kommt, das Symptom sei durch die Art bestimmt, «wie jeder das Unbewusste genießt, insofern das Unbewusste ihn bestimmt.»[47] Morel weist zu Recht darauf hin, dass Lacan fürchtete, das Unbewusste als ein dem Anderen unterstelltes Wissen könne die Psychoanalyse in Richtung der Religion abdriften lassen, wogegen das Festhalten der Psychoanalyse an der Dimension des Realen schützen könne. Hier ist nach Morel ein entscheidender Schritt Lacans festzumachen, der nun vor allem nach dem Seminar «Le Sinthome» eher vom «Savoir-y-faire» spricht und nicht mehr so sehr vom «Savoir». Damit rücken Kunst und Kunsthandwerk in die Nähe des Unbewussten, viel eher als die Wissenschaft, die Lacan immer skeptischer sieht. Es geht nun um ein «inconscient artisan», ein «se débrouiller avec son inconscient»[48]. Auf der einen Seite ist das Unbewusste damit eine Falle, in der sich das Subjekt auf Grund der Vieldeutigkeiten von «Lalangue» verfängt, anderseits auch das Mittel, sich aus diesen Verstrickungen zu befreien. Für Morel kann der Fall des Subjekts, dem Wissen unterstellt wird, in der Analyse dann stattfinden, wenn der Analysant nicht mehr an das Wissen glauben muss, das ihn bislang bestimmte – in Form von Botschaften, die er im Lauf seines Lebens hörte und bislang passiv befolgte. Damit löst das «Savoir-y-faire» als «Savoir pragmatique»[49] das dem Anderen unterstellte totale Wissen ab, das Lacan auch als trojanisches Pferd bezeichnet hatte. Morel bringt vor allem die mit der Theorie des Sinthoms verknüpfte Bedeutung der Neuschöpfung ins Spiel. Sie hat mit der Ermöglichung und Schaffung von Variationen zu tun, die ein unterstelltes absolutes Wissen des Anderen unterwandern. Morel erwähnt hierbei die Kunsthistorikerin Lizzi Boubli, die von Deleuze ausgehend, schrieb, in der Kunst begründe die Variante den Kern der Differenz.[50]

Morel folgert, dass es in einer solchen Ausrichtung der Psychoanalyse – gerade im Hinblick auf das Wissen – nicht mehr so sehr um die Dechiffrierung eines nicht gewussten Wissens gehen wird, sondern um die Minderung der «Signification mortifière»[51], die dem Subjekt vom Anderen auferlegt ist, also um eine Modifikation des vom Todestriebs bestimmten Wiederholungszwangs, beziehungsweise des Genießens des Subjekts.

Lacans Kritik des Freud'schen Konzepts des Unbewussten im XXIV. Seminar, die hier nur gestreift werden kann, unterstützt die von Morel dargelegte Darstellung und Ausarbeitung der Ausrichtung seines Spätwerks. Wissen, sagt Lacan hier, gibt es nur, «indem man sich nämlich vertut»[52]. Das Unbewusste wird durch eine translinguale Homophonie, die der «Lalangue» Rechnung trägt, zur «Une-Bévue», zum Einschnitzer. Damit verliert das nicht gewusste Wissen in der Singularität des Versehens eines Subjekts jede Nähe zu einem abstrakten, totalen Wissen. Der «Ein-Schnitzer» oder das «Ein-Versehen» hat mit der Art und Weise zu tun, wie sich das Subjekt in seiner Begegnung mit dem Realen, dem Genießen, verstrickt, aber auch damit, wie es dabei seinen eigenen Weg finden kann. Und Lacan betont, ganz im Sinne des von Morel unterstrichenen, pragmatischen Wissens:

«Damit umzugehen (savoir-y-faire) ist nicht das Selbe wie ein Wissen, wie das absolute Wissen, von dem ich vorhin gesprochen habe. Das Unbewusste ist das, was sich ändern lässt ...»[53]

Lacan hat gegen Ende seines Werkes formulieren können, dass die Psychoanalyse darauf hinauslaufen kann, das Subjekt bei der Ausarbeitung seines Wissens als Semblant zu unterstützen. Dieser Semblant ist damit seine Schöpfung, seine Variante und nicht mehr vom Herrensignifikanten kommandiert. Darin könnte auch die besondere Wahrheit einer jeden analytischen Kur bestehen. Lacan sagt: «... und ich denke, dass letzten Endes die Psychoanalyse das ist, was wahr macht, aber wahr machen, wie muss man das verstehen? Das ist ein Sinnstreich, es ist ein Weißsinn (sens blanc/semblant). Es gibt die ganze Distanz, die ich mit S 2 bezeichnet habe [Wissen], zu dem, was es produziert.»[54] Das heißt auch, dass der Meistersignifikant, S 1, fallen kann, der das Subjekt bislang tödlich bestimmte; Lacan kann nun sagen, dass dieser das Subjekt gegenüber S 2, dem (unbewussten) Wissen, keinesfalls repräsentiert. Dieses Wissen dient zur Neuschöpfung des Subjekts, wenn in der Analyse deutlich werden kann, dass der Andere gebarrt, durchstrichen ist, es keinen Anderen des Anderen gibt: «... das heißt, dass S 1 nicht das Subjekt repräsentiert beim S 2, also dem Anderen. Das S 1 und das S 2, genau das bezeichne ich mit dem geteilten A, aus dem ich selbst einen Signifikanten mache: S (A barré).»[55]

Ich möchte nach diesem sicher summarischen Parcours durch das Werk Lacans in Hinblick auf das Wissen auf den Fall des unbekannten Soldaten zurückkommen.

Auch wenn ich ihn nicht in einer psychoanalytischen Praxis traf, sondern in der Psychiatrie eines Bundeswehrkrankenhauses, muss ich mich doch fragen, ob ein an der Psychoanalyse geschultes Hören – vor allem durch eine eigene Analyse – ihm nicht doch diesen passage à l'acte erspart hätte. Die Macht des Nichtwissen-Wollens seines Genießens war sicher groß, aber auch ich war noch nicht an einem Punkt, meinem eigenen Nichtwissen-Wollen nicht nur Rechnung zu tragen, sondern es auch zu überwinden. Es war mir damals nicht erfassbar, dass der Fall des Soldaten nicht nur kein reiner neurologischer Vorfall war, auch nicht nur ein wehrmedizinischer Gutachtenfall, sondern dass es um die Artikulation einer Angst ging, bei einer ganz eigenen sinthomatischen Lösung zu scheitern: Feldwebel zu werden. Das hätte wohl für ihn geheißen, dem ihm von der Mutter-Sprache zugesprochenen Heldentod des Großvaters zu entgehen. Der Feldwebel ist schließlich der, der auf dem Feld nicht fällt, sondern dort hin und her geht (das althochdeutsche Wort, aus dem «Webel» hervorgeht, ist «weibôn»; was heißt: «hin- und hergehn»). Der Feldwebel war zudem derjenige, der, hinter seinen Soldaten gehend, diese antrieb, nach vorne in die Schlacht vorzurücken; er war es also, der die anderen fallen ließ.[56]

Zu erinnern ist ferner daran, dass der Feldwebel im Jargon der Armee «Mutter der Kompanie» genannt wird.

Die Bundeswehrkarriere dieses Soldaten war für ihn eine Möglichkeit, von der Mutter ein Stück weggehen zu können (ihr nicht ganz zu verfallen) und doch das Feld des Genießens mit ihr nicht ganz verlassen zu müssen. „Feldwebel" war für ihn vermutlich ein Name für das, was der späte Lacan ein Sinthom genannt hätte: Es gab ihm einen Namen in der symbolischen Ordnung der Armee, versah ihn mit einem konsistenten, imaginären Bild seiner selbst und verband ihn mit dem Genießen der Mutter, fraglos auch ihrer Sprache, die noch ganz die des zweiten Weltkriegs und ihr quasi bis in ihre körperlichen Gesten eingeschrieben war. Gleichzeitig bedeutete dieses Sinthom aber auch eine Trennung von der Mutter, die Inserierung in einer männlichen geprägten Welt, in dem ihm alleine durch seine Dienste abverlangt wurde, von der Mutter Distanz zu halten und in der er seine Untergebenen ins Feld schicken konnte, anstatt dort selbst bleiben zu müssen.

Als dieses Sinthom zu scheitern drohte, blieb ihm nur der Fall, der zugleich Fall in die Arme der Mutter war wie auch – zumindestens nachträglich gesehen – die einzige Chance, doch noch Feldwebel werden zu können und nicht ganz im Feld des Genießens der Mutter zu bleiben.

Allerdings möchte ich auch fragen, welches die Bedingungen für ein Subjekt sein könnten, andere Möglichkeiten des Umgangs mit dem Genießen zu finden als dem einer «Wehr-Macht», die vor der Dimension eines Anderen, weiblichen Genießens zurückschreckt. Mich führte diese Krise aus der Armee und weiter in die Psychoanalyse, mit der ich schon längere Zeit infiziert war, wobei ich den Ausbruch dieser Krankheit, der Pest, wie Freud sagte, wohl allzu sehr an meinem eigenen Leib fürchtete. Nach diesem Fall gab es aber für mich kein Halten mehr.

Ich habe damals zu lernen begonnen, dass es gilt, sein eigenes Wissen zu suspendieren, um zuhören zu können, damit etwas vom je eigenen Verhältnis des Wissens eines Subjektes zum Genießen erfahrbar werden kann. Und auch für mich: dass es stets des Mutes zur Übertretung eines Wissens bedarf, um nicht im Griff seiner Macht zu bleiben.

Jacques Lacan a accordé de l'importance particulière au savoir concernant soit la théorie soit la pratique de la psychanalyse. Au début de son oeuvre, il a désigné l'inconscient comme un savoir insu et il a conceptualisé le transfert partant de l'idée du sujet-supposé-savoir. Cette contribution essaye de suivre le développement sophistiqué de la théorie du savoir chez Lacan. Dans son oeuvre tardive le savoir a été conçu comme une façon de savoir-y-faire avec la jouissance enracinée dans lalangue. Ces considérations théoriques sont complétées par une vignette clinique qui tourne autour de la chute du savoir du psychanalyste. Il s'agit d'une rencontre avec une jouissance traumatique qui concerne – dans le transfert – soit l'analyste soit l'analysant potentiel.

Jacques Lacan ascribed great importance to knowledge in terms of theory and practice of psychoanalysis. Thus, in his early work, he defines the unconscious as a knowledge that doesn't know itself and conceptualizes the transference beginning with a «subject supposed to know». This article attempts to follow up the multilayered development of the theory of knowledge in Lacans work. In his late work, knowledge is comprehended as a dealing with the enjoyment of lalangue which is rooted in language (itself). These theoretical reflections are supplemented by a clinical vignette which is about the «case» (in german: «Fall», referring to an issue as well as to a downfall) of the psychoanalysts knowledge. The case befalls in view of a traumatic enjoyment, which affects both, psychoanalyst and patient/(potential) analysand, in transference.

Michael Meyer zum Wischen, Psychoanalytiker in Köln und Paris, hat Artikel zur Frage der Behandlung der Psychose sowie zu den Werken von Marguerite Duras und Hilda Doolittle verfasst. Er ist Gründer der *Kölner Akademie für Psychoanalyse Jacques Lacan*, des *Psychoanalytischen Kollegs* sowie Mitglied von ALEPH und des *Collège de psychanalystes de l'ALEPH*.

Michael Meyer zum Wischen, psychanalyste à Cologne et à Paris, a écrit des articles sur la question du traitement de la psychose, sur l'œuvre de Marguerite Duras et Hilda Doolittle. Il est membre de l'ALEPH et du Collège de psychanalystes de l'ALEPH. Il a fondé l'*Académie psychanalytique Jacques Lacan* à Cologne et il est co-fondateur du *Collège psychanalytique* en Allemagne.

Michael Meyer zum Wischen is psychoanalyst in Cologne and in Paris. He has published several articles about the question of treatment of psychosis as about the work of Marguerite Duras and Hilda Doolittle. He has founded the *Academy of psychoanalysis Jacques Lacan* in Cologne and is co-founder of the College of psychoanalysts in Germany. He is member of ALEPH and of the *Collège d.e psychanalystses de l'ALEPH*.

Anmerkungen

1 Lacan. J. (2005) Le Séminaire, livre XXIII : Le Sinthome » (1975/76). Paris, 72. «L'analyse ... c'est la réponse à une énigme et une réponse ... tout à fait spécialement conne.» [«Die Analyse ... ist die Antwort auf ein Rätsel und eine ... tatsächlich besonders blödsinnige.»]
2 Lacan, J. (1975/1976) Das Seminar. Buch XXIV. L'Insu que sait de l'une-bévue s'aile à mourre. Übersetzung ins Deutsche von Max Kleiner. Arbeitsmaterialien des Lacan Archivs Bregenz, 38. Mehrfach spricht Lacan in seinem Seminaren vom Discours als einem Dire qui secourt, einem Sagen, das zur Hilfe eilt.
3 Lacan, J. (2011) Je parle aux murs, Paris, 14.
4 «... j'ai articulé que le discours analytique se tient précisément sur la frontière sensible entre la vérité et le savoir ...» Lacan, J. (2011) Je parle aux murs, Paris, 17.
5 Freud, S. (1900) Die Traumdeutung. In GW II/III, 541.
6 Lacan, J. (2011) Je parle aux murs, Paris, 18.
7 Ibid, 20.
8 Lacan hat 1931 mit Georges Bataille Koyrés Seminar zu Nikolaus von Kues besucht. Vergleiche: Léthier, R. (1995) Bataille mit Lacan. Wunderblock 22/1995, 21.
9 Lacan, J. (2011) Je parle aux murs, Paris, 11.
10 De Cusa, N. (1994) De docta ignorantia. Die belehrte Unwissenheit. Übersetzung vom Lateinischen ins Deutsche von Paul Wilpert. Hamburg, 9.
11 Lacan, J. (1990) Das Seminar. Buch I. Freuds technische Schriften (1954). Übersetzung ins Deutsche von Werner Hamacher. Weinheim, Berlin, 349.
12 Lacan, J. (1996) Das Seminar. Buch VII. Die Ethik der Psychoanalyse (1959/60). Übersetzung ins Deutsche von Norbert Haas. Weinheim, Berlin, 208.
13 Ibid., 347.
14 Freud, S. (1900) Die Traumdeutung. In : GW II/III, 530.
15 Lacan, J. (2011) Je parle aux murs, Paris, 18.
16 Kaltenbeck, F. (2008) Wovon lernt der Psychoanalytiker? In: Jahrbuch für klinische Psychoanalyse 8. Wie ist Psychoanalyse lehrbar? Hrsg. v. Michels, A., Müller, P., Perner, A., Rath, C.D. Tübingen, 160.
17 Freud, S. (1912) Ratschläge für den Arzt bei der psychoanalytischen Behandlung. In: GW VIII, 380.
18 Lacan, J. (2001) Autres Écrits, Paris, 249.

19 Ibid., 250-251.
20 Lacan, J. (2006) Le Séminaire. Livre XVIII. D'un discours qui ne serait pas du semblant. (1971) Paris, 116: «J'insiste, à corriger mon tire, de dire *savoir en échec*, voilà où la psychanalyse se montre au mieux. Savoir en échec comme on dit *figure en abyme*, ça ne veut pas dire échec du savoir.»
21 Lacan, J. (1986) Schriften II. Die Wissenschaft und die Wahrheit. Übersetzung ins Deutsche von Hans-Jörg Rheinberger. Weinheim, Berlin, 257.
22 Lacan, J. (2011) Je parle aux murs, Paris, 26.
23 Ibid., 30.
24 Ibid., 38: «Le savoir, lui , est de l'ordre de la jouissance.»
25 Vgl.: Lacan, J. (1991) Le Séminaire. Livre XVII. (1969/1970) L'envers de la psychanalyse. Paris, 39: «Un savoir en tant que vérité – cela définit ce que doit être la structure de ce qu'on appelle une interprétation.».
26 Foucault, M. (1989) Sexualität und Wahrheit. Band 2: Der Gebrauch der Lüste (1984). Übersetzung in das Deutsche von Ulrich Raulff und Walter Seitter. Frankfurt am Main.
27 Ibid., 35: «Le ventre de l'Autre, du grand A, est plein. Ce ventre est celui qui donne, tel un cheval de Troie monstrueux, l'assise du fantasme d'un savoir-totalité ...».
28 Ibid., 12.
29 Ibid., 18. «Il y a un rapport primitif du savoir à la jouissance, et c'est là que vient s'insérer ce qui surgit au moment où apparaît l'appareil de ce qu'il en est du signifiant. Il est dès lors concevable que ce surgissement du signifiant, nous en relions la fonction.» Sowie: «... que le savoir, dans son origine, se réduit à l'articulation signifiante. Ce savoir est moyen de jouissance.» (57).
30 Ibid., 93.
31 Lacan, J. (1971) Le Séminaire. Livre XVIII. D'un discours qui ne serait pas du semblant. Paris, 117: «Entre la jouissance et le savoir, la lettre fait le littoral.»
32 Ibid.: «... le bord du trou dans le savoir.»
33 Ibid., 122. «L'écriture, c'est dans le réel, et le signifiant dans le symbolique.».
34 Lacan, J. (2011) Le Séminaire. Livre XIX. ... ou pire (1971/1972). Paris, 79.
35 Ibid.: «De l'analyse, il y a une chose par contre à prévaloir, c'est qu'il y a un savoir qui se tire du sujet lui-même. C'est du trébuchement, de l'action ratée, du rêve, du travail du analysant que résulte ce savoir ... Ce savoir-là ... je le définis, trait nouveau de l'émergence, de ne pouvoir se poser que de la jouissance du sujet.»
36 Ibid., 195.
37 Lacan, J. (1986) Das Seminar. Buch XX. Encore. Übersetzung ins Deutsche von Norbert Haas. Weinheim, Berlin, 7.
38 Ibid.
39 Léthier, R. (1995) Bataille mit Lacan. Wunderblock 22/1995, 17.
40 Lacan, J. (1986) Das Seminar. Buch XX. Encore. Übersetzung ins Deutsche von Norbert Haas. Weinheim, Berlin, 114.
41 Ibid., 104.
42 Lacan, J. (2006) Le Séminaire. D'un Autre à l'autre (1968/1969). Paris, 39. «C'est clair – c'est le prix de la renonciation à la jouissance.»

43 Ibid.
44 Lacan, J. (1986) Das Seminar. Buch XX. Encore. Übersetzung ins Deutsche von Norbert Haas. Weinheim, Berlin, 151.
45 Ibid.
46 Ibid., 156.
47 Lacan, J. (1975/1976) Das Seminar. Buch XXII. RSI. Übersetzung ins Deutsche von Max Kleiner. Arbeitsmaterialien 2 des Lacan Archivs Bregenz, 37.
48 Morel, G. (2008) La loi de la mère. Paris, 207.
49 Ibid.
50 Boubli, L. (2003) La variante dans le dessin italien au XV. siècle. Paris, 26-27.
51 Morel, G. (2008) La loi de la mère. Paris, 210.
52 Lacan, J. (1975/1976) Das Seminar. Buch XXIV. L'Insu que sait de l'une-bévue s'aile à mourre. Übersetzung ins Deutsche von Max Kleiner. Arbeitsmaterialien des Lacan Archivs Bregenz, 13.
53 Ibid., 57.
54 Ibid., 87-88.
55 Ibid., 88.
56 Ich verdanke diesen Hinweis meinem Freund Eckhard Rhode, der ihn in seinen Kleist-Studien gewonnen hat.

Johanna Stute-Cadiot

«Les cahiers pour l'analyse», historische Anhaltspunkte zur Gründergruppe der «Stürmer und Dränger» von 1966

> Die Autorin unterstreicht die Bedeutung der 1964 auf Einladung Althussers erfolgten Aufnahme Jacques Lacans in die Ecole normale Supérieure, an der er nach der «Exkommunikation» durch die IPV seine Lehre fortsetzen konnte. Lacans Kritik der Wissenschaft, seine Beschäftigung mit Fragen der Logik, aber auch des Politischen, sind von diesem neuen Ort und einer neuen Öffentlichkeit des Seminars wesentlich mitbestimmt. Besonders hervorgehoben wird in diesem Zusammenhang die Gründung des *cercle épistémologique* der ENS sowie der *cahiers pour l'analyse*.

Trotz aller Bemühungen der Troika unter der Leitung S. Leclaires wird J. Lacan am 13. Oktober 1963 von der Liste der Lehranalytiker der SFP gestrichen. Er bleibt Mitglied der SFP, aber er darf nicht mehr lehren und verliert gleichzeitig den Ort, an dem er nach der ersten Spaltung Zuflucht gefunden hatte, um weiter zu unterrichten, das psychiatrische Krankenhaus ST. Anne. Er fühlt sich ausgestoßen, exkommuniziert wie Spinoza. In dieser sehr kritischen Lage bietet ihm durch die Vermittlung F. Braudels jemand ein Dach an und initiiert so eine völlig neue Situation, eine Artikulation von Psychoanalyse und Marxismus, wie sie in Frankreich bis dahin im Gegensatz zu Deutschland völlig unbekannt war. Und dieser Mann ist L. Althusser, marxistischer Philosoph, der in der berühmten französischen Eliteschule l'Ecole Normale Supérieure (ENS) unterrichtet. Während in Deutschland die Arbeiten des 1923 in Frankfurt gegründeten Instituts für Sozialforschung schon in den 30er Jahren eine theoretische Verknüpfung zwischen Marxismus und Psychoanalyse hergestellt hatten, den Freudo-Marxismus, dessen eminenteste Vertreter M. Horkheimer, E. Fromm und H. Marcuse waren und auf den sich die politisierte Schicht der deutschen Jugend berief, war die Situation in Frankreich völlig verschieden. Der Grund dafür ist der große Einfluss, den die kommunistische Partei in Frankreich nach dem Ende des Zweiten Weltkriegs ausübte, einerseits durch die Wählerzahl bedingt und andererseits durch die Zahl der Intellektuellen in ihren Reihen, die das geistige Leben in Frankreich dominierten. Zu ihnen gehörte der Philosoph G. Politzer (1903-1942). Seine Kritik an der Unwissenschaftlichkeit des Idealismus der Psychologie von Bergson bis Freud und seine Bemühungen, eine konkrete Psychologie, die den wissenschaftlichen Materialismus als Grundlage jeglicher Betrachtungen über die individuelle Psyche postuliert, zu gründen, fanden in seinem Buch «Critique des fondements de la psychologie»[1] von 1928 ihren Ausdruck und bestimmten lange Zeit die Einstellung der kommunistischen Partei zur Psychoanalyse.

In den 60er Jahren wird an der E.N.S. der historische Materialismus durch den Einfluss von L. Althusser zum dominierenden Referenzpunkt und löst den bis dahin vorherrschenden Einfluss der von J.-P. Sartre vertretenen Phänomenologie ab. Während der Sartre'sche Existenzialismus der Idee eines Unbewussten feindlich gegenüberstand, ist L. Althusser ganz klar von der Notwendigkeit einer Theorie der Subjektivität des Individuums als Ergänzung zur marxistischen Theorie der wirtschaftlichen Grundlagen jeder Gesellschaft überzeugt. In der 1963/64 gehaltenen Vorlesung, in der er die Stellung der Psychoanalyse in den Humanwissenschaften behandelt, räumt L. Althusser der Lektüre des Buchs von G. Politzer noch einen gewissen Platz ein[2]. Er unterstreicht, dass es im Grunde genommen Politzer und nicht Hesnard war, der die Psychoanalyse in Frankreich eingeführt und die Frage nach ihrer Abtrennung vom bürgerlichen Idealismus einerseits und nach der Notwendigkeit, den historischen Materialismus durch eine wissenschaftlich untermauerte Psychologie zu ergänzen, andererseits aufgebracht hat. Dazu kommt, dass Althusser im Aufkommen des Strukturalismus die Möglichkeit einer neuen Formalisierung der Wissenschaftlichkeit der Humanwissenschaften diagnostiziert. Deshalb organisiert er im selben Jahr eine Reihe von Vorträgen über die Ursprünge des Strukturalismus. Zu seinen Schülern in diesem Jahr gehören J.-A. Miller, J.-C. Milner, J. Rancière, E. Balibar und M. Tort, die alle bekannte Philosophen, Sprachwissenschaftler oder Psychoanalytiker geworden sind.

Was seine eigenen theoretischen Ausarbeitungen betrifft, so hatte er sich den von G. Bachelard geprägten Begriff der *coupure épistémologique*, des erkenntniswissenschaftlichen Bruchs (epistemologischen Schnitts), angeeignet und diesen auf den Marxismus bezogen[3]. Nach der Wissenschaftsgläubigkeit im 19. und in der ersten Hälfte des 20. Jahrhunderts, in denen sich die Naturwissenschaften vom religiösen Diskurs befreit und einen völlig neuen

Status der Wahrheit erarbeitet hatten, kam in den 60er Jahren in den Vereinigten Staaten der von T. Kuhn vertretene Konstruktivismus auf, der den absoluten Wahrheitsanspruch der Wissenschaft in Frage stellt[4]. Ganz speziell in Frankreich bewirkten zwei Disziplinen der Geisteswissenschaften, die Anthropologie und die Linguistik, einen Paradigmenwechsel, indem sie in ihr Fachgebiet den strukturalistischen Ansatz einführten, obwohl ihre Studienobjekte der Kultur und nicht der Natur angehören. Andererseits spielte bei diesem wissenschaftlichen Paradigmenwechsel eine neue epistemologische Ausrichtung, vertreten vor allem durch J. Cavaillès, A. Koyré und G. Canguilhem, eine entscheidende Rolle.

Die Epistemologie konstituiert sich in Opposition zur Erkenntnistheorie der Philosophie. Mehr als eine Geschichte der Wissenschaft es tut, hinterfragt sie den Moment, in dem jede Disziplin von einem vorwissenschaftlichen zu einem wissenschaftlichen Diskurs übergeht. So bemüht sich denn G. Canguilhem in einem im Dezember 1956 im *collège philosophique* gehaltenen Vortrag mit dem Titel «Qu'est-ce que la psychologie?»[5] (Was ist die Psychologie?) deren Wissenschaftlichkeit zu postulieren. Für L. Althusser hatten bis dahin nur die Disziplinen der Mathematik mit Thales und die der Physik mit Galiläus diesen Schritt gemacht. In seiner Relektüre der Marx'schen Texte, die er in seinem Unterricht praktizierte und von der seine Werke «Pour Marx»[6] (1965) und «Lire le capital»[7] (1965) zeugen, versuchte er, den epistemologischen Bruch in der Geschichte an Hand des historischen Materialismus zu erforschen, und darüber hinaus, ihn auch auf die anderen Geisteswissenschaften auszudehnen.

In dieser intellektuellen Atmosphäre eines neuen Aufbruchs, einer neuen Wissenschaftlichkeit, die in der ENS herrschte, hält Lacan am 15 Januar 1964 im Saal Dussane seine Eröffnungsvorlesung: «L'excommunication», mit der er sein 11. Seminar, dem J.-A. Miller den programmatischen Titel «Les quatre concepts fondamentaux de la psychanalyse» (Die vier Grundkonzpete der Psychoanalyse) gab, einleitet[8]. Der Titel des Seminars des darauf folgenden Jahres lautet «Problèmes cruciaux pour la psychanalyse»[9] (Grundlegende Probleme der Psychoanalyse). Das Seminar, das er im Jahr der Gründung der «Cahiers pour l'analyse» hält, trägt den Titel «L'objet de la psychanalyse»[10] (Das Objekt der Psychoanalyse) und sollte der Psychoanalyse, obwohl J. Lacan seinen Unterricht mit dem Schlagwort *Zurück zu Freud* begonnen hatte, eine völlig neue Ausrichtung geben. Denn die

Ausarbeitung eines Subjekts des Unbewussten bedeutete für Lacan das Unterfangen, die Psychoanalyse von den Humanwissenschaften zu trennen. So wie L. Althusser sich auf eine unhumanistische Interpretation der Werke von K. Marx berief, wollte auch J. Lacan sich einerseits aus der humanistischen Tradition der Psychologie lösen und andererseits Distanz zur von der Wissenschaft produzierten Wahrheit nehmen. Mit seiner Kritik der Wissenschaft, die eine Wahrheit produziert, die nur durch die Ausgrenzung des Subjekts möglich ist, und seiner Theoretisierung des Subjekts des Unbewussten, das die Psychoanalyse postuliert und eben diese Ausschließung in den Denkprozess einbezieht, verschafft er der Psychoanalyse eine Sonderstellung zwischen Natur- und Humanwissenschaften. Die jungen Leute, die ihm in der ENS zuhörten, erweiterten sein Publikum um ein Vielfaches und hatten ganz andere Horizonte als seine Schüler in der SPF. Unter seinen Zuhörern befand sich J.-A. Miller, der zwei Jahre später sein Schwiegersohn werden sollte.

Im Dezember 1964 gründen J.-A. Miller, J.-C. Milner und J. Rancière zusammen mit anderen Mitgliedern der UEC, des Verbandes der kommunistischen Studenten, unter der Anleitung L. Althussers die Zeitschrift «Les cahiers marxistes-léninistes», herausgegeben von dem *Cercle des étudiants communistes de l'Ecole Normale Supérieure*, von der bis Mai 1968 17 Nummern erschienen sind. Die Artikel sind nicht namentlich gekennzeichnet. Die erste Nummer trägt den Titel «Sciences et ideologies» (Wissenschaften und Ideologien), mit Beiträgen von J.-A. Miller, J.-C. Milner und J. Rancière. Vor allem J.-A. Miller bemüht sich in seinen diversen Texten, die Wissenschaft des Marxismus von jeglicher ideologischen Färbung zu trennen und so einen Diskurs der Wissenschaft, der der Ideologie entgeht, aufzubauen. Die Nummer 8 trägt den Titel «Le pouvoir de la litterature» (Die Macht der Literatur). Sie enthält Beiträge von Gombrowicz, Aragon sowie Borges und sollte die kulturellen Produktionen in die Überlegungen über die Funktion einer theoretischen Ausbildung einbeziehen. Die Nummer 8 wird von den anderen Mitgliedern der Zeitschrift jedoch zensiert und erscheint nicht. Daraufhin gründen sozusagen als Antwort auf diese dogmatische Position J.-A. Miller und J.-C. Milner im Januar eine neue Zeitschrift: «Les cahiers pour l'analyse», die vom *cercle épistémologique* (der epistemologische Kreis) herausgegeben wird, wie sich das Redaktionskomitée, dem A. Grosrichard, J.-A. Miller, J.-C. Milner und F. Regnault und ab Nummer 5 auch A. Badiou angehören, sehr programmatisch nennt. Im Ganzen kommen bis Mai 1968 zehn Nummern heraus, von denen die erste den Titel «Die Wahrheit» trägt[11]. In einem kurzen Vorwort definiert J.-A. Miller das Ziel, das die Autoren mit der Publikation von Texten verfolgen, die aus den Bereichen der Logik, der Linguistik und der Psychoanalyse stammen. Es geht darum, eine Theorie des Diskurses aufzubauen in dem Sinn, dass es einen Sprachprozess gibt, der von der Wahrheit erzwungen wird. J.-A. Miller beendet seinen Text mit der Versicherung, dass es sich in keinem Fall um die Erstellung einer Doktrin handele, sondern im Gegenteil nur darum, sich in der Strenge des Konzepts zu schulen. Der erste Artikel des Heftes trägt den Titel «Die Wissenschaft und die Wahrheit» und ist die schriftliche Version der Auftaktvorlesung von Lacans Seminar im Jahr 1965/66, alle anderen Artikel handeln von der Logik des Signifikanten, der Artikel von J.-A. Miller führt das Konzept der Verlötung (fz: *suture*) ein.

Es folgen Heftausgaben über die Psychologie, das Objekt der Psychoanalyse, die Politik der Philosophen, die Genealogie der Wissenschaft, bis schließlich die Heftnummer 10 mit dem Titel «Die Formalisierungen»[12] erscheint, in der A. Badiou, J. Bouveresse, J. Bunschwig unter anderen über Boole, Cantor, Gödel und Russell schreiben. Andere wichtige französische Intellektuelle wie zum Beispiel J. Derrida, M. Foucault, G. Dumezil, A. Green, L. Althusser oder C. Lévi-Strauss gehören auch zu den Autoren.

Zum Schluss sei noch angemerkt, dass dieses Unterfangen eines nicht doktrinären Diskurses sich auch vor dem historischen Hintergrund der Kulturrevolution in China abspielt. Für die Mitglieder des *cercle épistémologique* geht es darum, einerseits den Marxismus, andererseits auch die Psychoanalyse vor dem Übergriff einer zur Doxa erstarrten Wahrheit, vor einer zur Nomenklatura verkommenen Führungselite zu retten. Und so rechtfertigt J.-A. Miller denn auch in der Einleitung seines Textes über die Verlötung auf sehr polemische Weise und obwohl er sich auf Freuds Stellung in den *Neuen Vorlesungen*[13] beruft, warum er als Nicht-Analytiker es wagt, das «kostbare Organ der Analytiker, ihr Ohr, zu manipulieren». So drückt er sich wörtlich aus und zwar in dem Sinne, dass er ein «Unterfangen angestiftet»[14] habe, nicht um die Psychoanalyse der Liberalisierung preiszugeben, sondern um die Psychoanalyse zu öffnen, die Theorie durch einen externen Standpunkt zu erneuern und zu bereichern. Diese spezifische Mischung eines Ansatzes, der die Politik, die gesellschaftliche Entwicklung wie auch das Individuum in seiner Dimension einer absoluten Singularität umfasste, perfekt verkörpert durch den *cercle épistémologique*, machte zwei Jahrzehnte lang die starke Position des psychoanalytischen Diskurses im Feld des intellektuellen Lebens in Frankreich aus.

L'auteure souligne l'importance de l'invitation de Jacques Lacan par Louis Althusser qui lui a permis de poursuivre son séminaire dans le cadre de l'Ecole normale supérieure après son «exommunication» de l'API. Les critiques que Lacan formule à l'égard de la science, son intérêt pour les questions de logique et aussi de politique sont déterminés par ce lieu nouveau et un public très différent. La fondation du *cercle épistémologique* de l'ENS et des *cahiers pour l'analyse* sont mis en relief particulièrement dans ce contexte.

The author underlines the importance of Jacques Lacans initiation to the Ecole normale Supérieure in 1964 at Althussers invitation, where Lacan could continue his teaching after the «excommunication» at the hands of the IPV. Lacans criticism of science, his preoccupation with questions of logics, as well as questions of politics, are influenced by this new location and a new publicity of the seminar in a crucial way. The foundation of the *cercle épistémologique* of the ENS, as well as of the *cahiers pour l'analyse*, are emphasized strongly in this context.

Johanna Cadiot-Stute lebt und arbeitet als Psychoanalytikerin in Paris.

Johanna Cadiot-Stute habite et travaille comme psychanalyste et traductrice à Paris.

Johanna Cadiot-Stute works and lives as psychoanalyst and translator in Paris.

Anmerkungen

1. Politzer, G. (1928) Critique des fondements de la psychologie; 1re rééd. de la Critique des fondements de la psychologie aux PUF en 1967; rééd.: Critique des fondements de la psychologie. La psychologie et la psychanalyse, 2003, Presses universitaires de France, coll. Quadrige.
2. Siehe http://cahiers.kingston.ac.uk/interviews/duroux.html, 29.07.2013.
3. Les théories révolutionnaires de Bachelard sur le sujet sont développées dans toute son œuvre à partir de son ouvrage fondateur : Bachelard, G. (1934) Le nouvel esprit scientifique. Paris.

4 Kuhn, Thomas S. (1962) The Structure of Scientific Revolutions (1st ed.). Chicago.
5 Siehe auch: Althusser, L. (1992) L'avenir dure longtemps. Les Faits, (Althusser, L. (1993) Die Zukunft hat Zeit. Die Tatsachen. Zwei autobiographische Texte. Übersetzung ins Deutsche von Hans-Horst Henschen. Frankfurt am Main).
6 Althusser, L. (1965) *Pour Marx*. Paris.
7 Althusser, L., Balibar E., Establet R., Macherey P., Rancière J. (1965), Lire le Capital. Paris.
8 Lacan, J. (1964) Le séminaire. Livre XI: Les quatre concepts fondamentaux de la psychanalyse. Paris.
9 Lacan, J. (1965) Le séminaire. Livre XII: Les problèmes cruciaux pour la psychanalyse. Paris.
10 Lacan, J. (1966) Le séminaire. Livre XIII: L'objet de la psychanalyse, Paris.
11 Cahiers pour l'analyse, n° 1, janvier-février 1966, «La vérité», Paris.
12 Cahiers pour l'analyse, n° 1, janvier-février 1966, «La vérité». Paris.
Cahiers pour l'analyse, n° 2, mars-avril 1966, «Qu'est-ce que la psychologie?». Paris.
Cahiers pour l'analyse, n° 3, mai-juin, «Sur l'objet de la psychanalyse». Paris.
Cahiers pour l'analyse, n° 4, septembre-octobre 1966, «Lévi-Strauss dans le XVIIIème siècle, Paris.
Cahiers pour l'analyse, n° 5, novembre-décembre 1966, «Ponctuation de Freud». Paris.
Cahiers pour l'analyse, n° 6, janvier-février 1967, «La politique des philosophes». Paris.
Cahiers pour l'analyse, n° 7, mars-avril 1967, «Du mythe au roman». Paris.
Cahiers pour l'analyse, n° 8, octobre 1967, «L'impensé de Jean-Jacques Rousseau». Paris.
Cahiers pour l'analyse, n° 9, 1968, «Généalogie des sciences». Paris.
Cahiers pour l'analyse, n° 10, hiver 1969, «La formalisation». Paris.
13 Freud, S. (1933) Neue Folgen der Vorlesungen zur Einführung in die Psychoanalyse. GW XV.
14 Miller, J.-A. «La suture (éléments de la logique du signifiant)», Cahiers pour l'analyse, n° 1, janvier-février 1966, «La vérité», Paris, 38.

Alain Lemosof

Das Objekt der Psychoanalyse
Teil I: Die Wissenschaft und die Wahrheit

Ein Kommentar

In Lacans Seminar «Das Objekt der Psychoanalyse» geht es weniger darum, zu belegen, ob die Psychoanalyse eine Wissenschaft ist oder nicht, als klarzustellen, inwiefern die Psychoanalyse, «Tochter der Wissenschaft» und in das Feld der Wissenschaft eingeschrieben, Letztere darin und von dem ausgehend befragt, was sie verwirft: das Subjekt und die Wahrheit als Ursache.
Dies sind die beiden wesentlichen Fragen, die im Seminar dieses Jahres aufgegriffen werden. Sie sind selbstverständlich nicht neu für Lacan, aber sie kommen hier zu einem Abschluss, welcher der Vollendung seiner Theorie des Begehrens entspricht.

Ob man es anerkennt oder nicht, steht das Objekt (a), das Lacan mit Humor als seinen einzigen Fund[1][2] betrachtete, im Zentrum all dessen, was jeweils in der Psychoanalyse über das Objekt gesagt und geschrieben worden ist. Ihm zufolge ist das Objekt a das entscheidende Moment für die grundlegende Konstituierung des Subjekts, insofern es in seinem Verhältnis zum Anderen gespalten ist.

Wie soll man diesseits seiner vier klinischen Ausdrucksformen – Brust, Fäzes, Blick, Stimme – in aller Schärfe Rechenschaft von der Funktion dieses so einzigartigen Objektes ablegen, das nur als Mangel existiert und als solcher die Kastration ($-\varphi$) symbolisiert? Welches sind die strukturellen Verhältnisse zwischen der Psychoanalyse und der Wissenschaft?

Es geht weniger darum, zu belegen, ob die Psychoanalyse eine Wissenschaft ist oder nicht, als klarzustellen, inwiefern die Psychoanalyse, «Tochter der Wissenschaft» und in das Feld der Wissenschaft eingeschrieben, Letztere darin und von dem ausgehend befragt, was sie verwirft: das Subjekt und die Wahrheit als Ursache.

Dies sind die beiden wesentlichen Fragen, die im Seminar dieses Jahres aufgegriffen werden. Sie sind selbstverständlich nicht neu für Lacan, aber sie kommen hier zu einem Abschluss, welcher der Vollendung seiner Theorie des Begehrens entspricht. Die strukturelle Analyse des Phantasmas erlaubt vor allem die privilegierte Funktion zu erhellen, die der Blick in ihm spielt. Sie markiert auch den Zeitpunkt der Synthese, die es Lacan ermöglicht, die Problematik des Genießens in späteren Jahren voll zu entfalten.

Trotz ihrer scheinbaren Heterogenität bilden diese Fragen die zwei Versionen derselben These, deren Ausrichtung gleichfalls doppelt ist. Einerseits richtet sie sich an die Analytiker, damit sie sowohl in ihrem Akt wie in ihrer Theorie nicht das verkennen sollen, was unwiederbringlich vom Wissen ausgeschlossen ist, und mehr noch, dass es diese Ausschließung selbst ist, die sie berechtigt, an diesem Akt und dieser Theorie festzuhalten.

Andererseits bildet sie einen wesentlichen Vorstoß, der nicht nur die angeht, die die Psychoanalyse ausüben. Sie verdeutlicht das, was die Welt des Wissens dem Schautrieb schuldet, und zwar dadurch, dass sie sein Objekt verbirgt.

Das Subjekt der Wissenschaft

Die erste Sitzung des Seminars dieses Jahres, eine Ausnahme in der Lehrtätigkeit[3] Lacans, war von Anfang an dazu bestimmt, Schrift zu werden. Unter dem Titel «Die Wissenschaft und die Wahrheit» bildete ihre Transkription den Eröffnungstext der ersten Nummer der vom «Cercle d'épistémologie de l'École Normale Supérieure» herausgegebenen «Cahiers pour l'Analyse» und wurde als ebensolche in *Die Schriften* aufgenommen. Die Zeitschrift und «Les Écrits» sind im selben Jahr 1966 veröffentlicht worden.

Gleich sei bemerkt, dass die schriftliche Struktur dieser Lektion in ihren entschiedenen Behauptungen mit der des gesamten Seminars über das Objekt identisch ist und sozusagen fraktal[4] die Entwicklung desselben ankündigt.

Vorerst geht es hier und da um die Funktion des Objekts (a) und um die Teilung des Subjekts als Teilung zwischen Wahrheit und Wissen. Danach wird die Artikulierung zwischen (a) und der Kastration ($-\varphi$) wiederaufgenommen, also die grundlegende Artikulierung, welche gewissermaßen das Hintergründige der Wahrheit bestimmt.

Es ist wichtig, diesen Zweitakt ausfindig zu machen, um den Faden von Lacans Rede nicht zu verlieren. Diese erste meisterhafte Lektion könnte tatsächlich im Sinne einer philosophisch-epistemologischen Tonalität der

Beziehung zwischen Wissenschaft und Psychoanalyse gehört werden, führte Lacan nicht zum Schluss die Frage des Geschlechts wieder ein. Dabei stützt er sich auf die berühmte Allegorie der nackten Wahrheit, wodurch sich nachträglich die eigentliche Orientierung seines Diskurses erhellt. Des Weiteren konzentrieren sich die letzten Sitzungen des Seminars in der Folge mehrerer anderer zuvor – ein weiterer Schritt – auf die Befragung des Genießens, was die trügerische Illusion erzeugen könnte, dass Lacan sich zum Geometer macht. Diese Sitzungen erinnern daran, dass Lacans Entwicklung ganz in Freud'scher Manier darauf abzielt, die Struktur des Fantasmas in seiner Funktion als Schirm zu erhellen.

Zunächst wollte Lacan diesem Einführungsvortrag, den er am 1. Dezember hielt, den Titel «Das Subjekt der Wissenschaft» geben. Ein paradoxer und provozierender Titel. Hatte Lacan nicht zwei Jahre zuvor die Wissenschaft dadurch definiert, dass sie sich auf die Ausschließung des Subjekts gründe, genauso wie sie die Frage der Wahrheit ausschließe; es sei denn, dass die Wissenschaft die Wahrheit auf das einfache Kriterium des Wertes reduziert, wie die formale Logik es tut[5]. Im Übrigen, wenn die Wissenschaftler seit jeher davon ausgegangen sind, dass, wenn nicht DIE Wissenschaft, wenigstens jede Wissenschaft ein Objekt hat – welches auch die Veränderungen der Bestimmung dieses Objekts im Zusammenhang mit der Entwicklung selbst dieser Wissenschaft sein mögen –, so hat die Einführung eines Subjekts für sie eher einen Geruch von Schwefel und Retorten[6]. Was bedeutet es außerdem, dieses Subjekt der Wissenschaft auch als das Subjekt anzuerkennen, das in der Psychoanalyse im Spiel ist?

Mehrere Interpretationen des Subjekts[7] der Wissenschaft sind möglich: Keineswegs widersprüchlich, können sie dazu beitragen, abzuschätzen, wie sehr der Psychoanalytiker von diesem Subjekt von verschiedenen Gesichtspunkten her betroffen ist. Für Lacan ist die Frage nicht nur technisch und klinisch, sie ist ethisch[8].

Im weitesten Sinne[9] nehmen wir an, dass das Subjekt der Wissenschaft zuallererst der Name eines «Unterworfen-Seins»[10] ist: Unterworfen-Sein eines jeden in einer Welt, wo sich die Wissenschaft in allen Bereichen des Lebens und des Todes in einem exponentiellen Rhythmus entwickelt[11].

Seine Lehre der beiden vorangehenden Jahre noch weiter vertiefend identifiziert Lacan hier das Subjekt der Wissenschaft mit dem Subjekt bei Descartes. Bekanntlich betrachtet er in der Folge Koyrés das enge historische Band zwischen der Setzung des cartesianischen Cogitos und der Geburt der modernen Wissenschaft als grundlegend. Er hebt hervor, wie sehr der Einbruch Letzterer die neue Konzeption des Subjektes hervorgebracht hat, indem sie das Verhältnis zwischen Wissen und Wahrheit erschütterte – gleichzeitig erinnert er daran, wie die neue Konzeption des Subjekts rückwirkend dazu beigetragen hat, dieses Verhältnis zu stützen. Dadurch, dass Descartes die Frage der Wahrheit in die Hände Gottes gelegt hatte, brauchte sich die Wissenschaft nicht mehr darum zu kümmern und konnte von da an ihr Wissen grenzenlos entwickeln. Jedoch begründet das Cogito nicht das Bewusstsein, worauf Lacan bereits hingewiesen hatte: Es enthüllt die Spaltung des Subjekts. Er hatte die Topologie dieses Subjekts vorgeschlagen, die auch die dieser Erschütterung ist: Die Struktur des Subjekts ist ein Möbiusband, denn Wahrheit und Wissen, aufeinander nicht rückführbar, sind möbiusartig verbunden. Keine Wahrheit ohne Wissen und kein Wissen ohne Wahrheit, und dennoch nie beide zusammen. Das Subjekt der Wissenschaft hat die Struktur eines Möbiusbandes.

Mit diesem Subjekt hat es der Analytiker zu tun. Seit 1964 hat Lacan unermüdlich die Nähe zwischen dem cartesianischen Subjekt und dem Freud'schen Subjekt des Unbewussten aufgezeigt, wobei weder das eine noch das andere sich als Subjekt der Erkenntnis behauptet, sondern als Subjekt der Gewissheit, das vom Zweifel ausgeht[12]. Sind dies jedoch die einzigen Gründe, weshalb das Subjekt der Wissenschaft den Analytiker interessiert?

Dieses Seminar führt ein neues Element ein. Der Psychoanalytiker ist für Lacan einer der Namen des Subjekts der Wissenschaft[13]. Besonders während der Lektion des 12. Januars 1966 nimmt er dazu Stellung. Der «moderne Neurotiker» – wie ihn Lacan, in Anspielung auf die als solche qualifizierte Wissenschaft gerne nennt, – ist in seiner Existenz wie in seiner Struktur koextensiv[14] mit dieser Präsenz des Subjekts der Wissenschaft.

Zunächst, sagt er, wendet man sich an den Analytiker als Subjekt der Wissenschaft, insofern «sich die Anfrage[15] an die Wissenschaft richtet.» So ist der Psychoanalytiker, genau wie der Analysant, Subjekt der Wissenschaft. Diese Behauptung mag überraschen. Gemäß einer geläufigen gesellschaftlichen Vorstellung ist der Psychoanalytiker nicht der legitimste Bannerträger der Wissenschaft. Die Ausübung der Psychoanalyse wird alles in allem wenig dem Bereich der Wissenschaftlichkeit zugeordnet, und stellt für viele eher eine zeitgenössische Form der Religion, der Suggestion, wenn nicht sogar der Indoktrinierung dar.

Schien die biologische Psychiatrie, obwohl 1966 noch in den Kinderschuhen, nicht schon ein besser geeigneter Ort zu sein, um diesen Anspruch auf Wissenschaft aufzugreifen? Um diese Behauptung Lacans zu verstehen, muss man über diese erste Stufe hinausgehen. Seine These wird mit Hilfe des Strukturbegriffs belegt. Wenn der Analytiker, an den man sich wendet, einer der Namen des Subjekts der Wissenschaft ist, so ist der an den Analytiker gerichtete Anspruch ein Anspruch auf Wissen. Der «moderne Neurotiker», Produkt des «reinen Symbolischen», will verstehen, was ihm zustößt, was ihn ängstigt, warum die Dübel nicht in die kleinen Löcher passen. Er ist nicht auf der Suche nach Weisheit, dem Nirwana, nach Entwünschung oder Verzeihung, zumindest so lange wie sein Anspruch durch das Begehren eines Analytikers gestützt wird. Der Psychoanalytiker ist in dieser Adressierung und in diesem Anspruch noch grundlegender Subjekt der Wissenschaft, insofern er sich als Objekt der Übertragung akzeptiert, als Subjekt, dem ein Wissen um die Wahrheit über das Geschlechtliche unterstellt wird.

Auf der Basis dieses strukturellen Bezugs zwischen Wahrheit und Wissen betrachtet Lacan die Psychoanalyse «als Tochter der Wissenschaft». Jedoch unterstreicht er, dass sie eine merkwürdig rebellische Tochter ist, deren Position im Hinblick auf dieses Universum der Wissenschaft absolut einzigartig ist, und zwar mindestens in zweierlei Hinsicht.

Einerseits unterwandert diese Erbin den Bezug zwischen Wahrheit und Wissen[16], wie er klassischerweise im Bereich der Erkenntnis funktioniert. In der Tat findet die Psychoanalyse die Wahrheit nicht auf Seiten des Subjekts-dem-Wissen-unterstellt-wird. Sie[17] entspringt dem Mund, der Angst und dem Symptom dessen, der so tut, als wüsste er nicht, als verstünde er nicht. Mit der Psychoanalyse wird dem Neurotiker als Vertreter der Wahrheit das Wort gegeben.

Zum anderen hinterfragt sie, was ihre Vorläuferin verbirgt. Sie führt die Frage nach der Wahrheit, welche die Wissenschaft, um sich zu begründen, in den göttlichen Bereich abgestoßen hatte, wieder in das Feld der Wissenschaft ein.

Die Originalität des Status der Psychoanalyse «ist durch den jenseits jedes Sinnes liegenden Kredit bedingt», der einer Manifestation der Rede und der Sprache gewährt wird, insofern als er sich in der Wissenschaft einlöst, während die Wissenschaft ihn (diesen Kredit) eben gerade strukturell für das Subjekt der Wissenschaft ausschließt. Gerade dort, wo seine Klüfte, Öffnungen und Löcher sichtbar werden und es darum geht, diese wissenschaftlich zu vernähen, kommt der Bereich der Täuschung dazwischen, wo die Wahrheit als solche spricht.

Deshalb gibt es nach Lacan keine Wissenschaft vom Menschen. In diesem Punkt nimmt er das große strukturalistische Thema wieder auf. Dazu ist Folgendes zu bemerken: Wenn das Subjekt das Korrelat der Wissenschaft ist, so ist es ein Korrelat, das ihr absolut antinomisch ist. Bei der Teilung[18] des Subjekts bleibt ein Rest. Die Wissenschaft kann ihn nicht gänzlich absorbieren, und Lacan geht so weit, vorzuschlagen, dieser Rest sei die Begründung des Unvollständigkeitstheorems Gödels über die Grenzen der axiomatischen Methode, ihrer Unmöglichkeit, die innere logische Konsistenz eines deduktiven Systems wie zum Beispiel der Arithmetik zu beweisen. Anders formuliert, die Unmöglichkeit jedes formalen Systems der Mathematik, gleichzeitig widerspruchslos und vollständig zu sein[19].

So findet die Psychoanalyse für Lacan ihren Ort in der Tatsache, dass sie sich wesentlich in dieser Unvollständigkeit des Symbolischen verankert, dass sie diesen nicht reduzierbaren Rest befragt, und dies mittels der Wahrheit, des Sprechens und des Genießens, und zwar im Rahmen der wissenschaftlichen Bewegung selbst.

Lacan stellt sich in diesem Jahre die Aufgabe, die psychoanalytische Theorie so weit voranzutreiben, dass sie den Punkt der Wahrheit trifft, wo sich die Ursache der Teilung des Subjekts markiert. Gleichermaßen erklärt das, inwiefern die Bemühung um Formalisierung scheitert. Dieses Projekt definiert das Objekt dieses Seminars genauso, wie es auf die Leerstelle des Objekts der Psychoanalyse abzielt.

Unterstreichen wir nicht nur den paradoxen Charakter der Lacan'schen Operation, die darin besteht, gerade das in das wissenschaftliche Feld wieder einzuschreiben, was von der Wahrheit durch die Konstitution des Wissens der modernen Wissenschaft[20] in Mitleidenschaft gezogen wird; ebenso unterstreichen wir die zweite Potenz des Paradoxons, insofern als das hier befragte Objekt nicht nur die Frage der Wahrheit da einführt, wo sie nur entwertet werden kann, sondern darüber hinaus nur als Fehlstelle existiert. Deshalb spricht Lacan, um jede imaginäre Verdinglichung zu vermeiden, eher von der Funktion als von dem, was das illusorische Wesen dieses Objektes wäre, wenn es etwas anderes wäre als Fehlstelle, Loch im Feld der Repräsentation.

In seiner erneuten Interpretation von Descartes macht Lacan mit Freud weiter. Im Zweifeln da, wo Freud das Zu-Tage-Treten dieser Bruchstelle des Subjektes, die es teilt und die sich das Unbewusste nennt, aufgezeigt hatte, entdeckt Lacan die Substanz des zentralen Objekts, das das Sein vom Cogito trennt. An der Nahtstelle, der unmerklichen Schließung im «ich denke, also bin ich», fordert er dazu auf, «den ganzen ausgelassenen Teil dessen, was sich öffnet, wiederherzustellen», «den Spalt wieder zu öffnen»[21], der immer als Stolpern auftritt, als Störung, als Anstoß im menschlichen Diskurs, sofern er kohärent sein will. An diesem Punkt ist die Funktion des Objekts (a) zu suchen, die alles, was sich im Diskurs des Subjekts realisiert, als Geteiltes unterstützt[22].

So betont Lacan nach Freud, von der Erfahrung des Unbewussten ausgehend, dass die Wahrheit spricht, wenn es auf der Ebene dieses «befremdenden Ineinandermündens»[23] zwischen Wissen und Wahrheit hinkt. Diese grundlegende Aussage, die Lacan Jahre zuvor formuliert hatte, wird hier neu bearbeitet: Die Wahrheit begründet sich nur dadurch, dass sie spricht, und sie hat kein anderes Mittel, es zu tun. Ihr Ursprung ist Dichtung[24], bevor sie wahr oder falsch sein könnte. Unmöglich ist es also, die Dimension des Ortes des Anderen auszuschalten, wo alles, was als Rede artikuliert wird, sich als wahr setzt, selbst und darin inbegriffen die Lüge. Die Psychoanalyse zitiert die Wahrheit nicht mehr im Rahmen des Aufkommens des Status der Wissenschaft als problematisch herbei, sondern fordert sie auf, «selbst für ihre Sache vor den Schranken des Gerichts einzutreten, selbst die Probleme ihrer Rätselhaftigkeit zu stellen.»[25]

Man könnte geneigt sein zu glauben, dass sich durch die Anerkennung des Objekts (a) als Objekt der Psychoanalyse ergibt, dass sich dieselbe als Wissenschaft institutiert. Lacan widersetzt sich in aller Form einer solchen Abweichung von seiner Ausarbeitung.

«Ich, die Wahrheit, ich rede» bedeutet, dass es keine Metasprache gibt. Das Objekt (a) steht im Zentrum der Teilung des Subjekts, erzeugt das Begehren zu wissen und ist als solches nicht darstellbar. Keine Sprache kann das Wahre über das Wahre sagen.

Gleichermaßen unterstreicht Lacan entschieden, dass, auch wenn der Analytiker sich nur als Subjekt, dem Wissen unterstellt wird, zur Verfügung stellen kann, ihm dennoch zugeschrieben wird, alles zu wissen, außer, was die Wahrheit seines Patienten betrifft, und zwar im Sinne, davon nichts wissen zu wollen. Denn, noch ein Paradox, auf diese Art rettet er sie. Mittels dieser Haltung eines Pyrrhons[26], die dem Psychoanalytiker obliegt, ist er hier wieder Subjekt der Wissenschaft, indem er mit dieser ethischen Geste ihre grundlegende Haltung wieder aufgreift.

Lacan begründet dies mit einem vielsagenden Beispiel. Er gibt die Bemerkung eines befreundeten Mathematikers wieder, der ihm feinsinnig anvertraut hatte: «In der Mathematik sagt man nicht, wovon man spricht, man spricht es ganz einfach.» Indem er gleichzeitig den strukturellen Unterschied zwischen der Position des Mathematikers und der des Analytikers aufzeigt, erinnert Lacan daran, dass Letzterer auch nicht sagt, wovon er spricht. Nicht nur, weil er nichts davon weiß, präzisiert Lacan, sondern auch, weil er es nicht wissen will: Er will nicht wissen, was dessen Objekt ist, denn er weiß, dass er es nicht wissen kann, dass dieses Objekt, da es durch die Urverdrängung gebildet ist, nicht repräsentierbar ist. In diesem Punkt trifft das Begehren des Analytikers mit seinem Wissen zusammen.[27]

Dieser Position stellt Lacan jene gegenüber, an die sich etliche Psychoanalytiker halten, d.h. die Wahrheit zu genießen, die er als Wisstrieb, oder auch, ironisch, als plutomythischen[28] Trieb bezeichnet. Sie repräsentiert das Wissen als Genießen der Wahrheit, was nicht nur den wissenschaftlichen Zugang zum befragten Objekt undurchsichtig macht, sondern ebenso die masochistische Position des Analytikers, der sich zu ihrem Helden macht, festigt. Die Wahrheit, die sich als Genießen darbietet, ist als solche dem

Sprechwesen verwehrt. Es sei bemerkt, dass es dieses plutomythische Genießen der Wahrheit nicht gibt, ohne das heraufzubeschwören, was man als Genießen der Kastration bezeichnen könnte. Wenn der Psychoanalytiker nicht der treue Diener der Wahrheit zu sein hat, so liegt das daran, dass diese «ihre eigene Dienerin ist».

So will die Wissenschaft, für Lacan, nichts von «der Wahrheit als Ursache» wissen. Er identifiziert diese Verweigerung mit der Freud'schen Verwerfung. Nichtsdestoweniger merkt er an, dass die Frage der Wahrheit dort doch immer wiederkehrt, jedoch ausschließlich im Namen der formalen Ursache des in der symbolischen Schrift vollständig konstruierten Wahrheitswertes. Welchen Beitrag leistet hier die Psychoanalyse? Dass die Wahrheit des Wahrheitswertes nichts anderes als (a), «absoluter Wert» in der Dimension des Begehrens ist. Als noch grundlegender erweist es sich, dass nichts in der Welt der Objekte als Wert bestimmt werden könnte, wenn es die Funktion des Objektes (a) nicht gäbe. Diese Artikulierung zwischen Wert und Wahrheit wird in bewundernswerter Weise im Verlauf des geschlossenen Seminars vom 19. Januar 1966 behandelt, wo Thérèse Parisot die Problematik des Narziss in der Göttlichen Komödie Dantes aufgreift.

Aber wie steht es mit der Religion und der Magie – Praktiken, die gleichermaßen Wissen und Wahrheit in Frage stellen? Elegant verfolgt Lacan die Verknüpfung der Freud'schen Mechanismen der Negativität und der aristotelischen Ursachen, um auf diese Befragung zu antworten. In der Magie erscheint die Wahrheit als Wirkursache. Das Wissen charakterisiert sich dadurch, dass es sich als solches verbirgt: Verdrängung. In der Religion wird die Wahrheit auf eschatologische Endziele verlegt. Sie erscheint nur als auf das jüngste Gericht verschobene finale Ursache. Lacan interpretiert also die Offenbarung als Verneinung der Wahrheit als Ursache, das heißt: Sie verneint das, was das Subjekt als dabei mitwirkend begründet. Er bemerkt, dass die Religion, wie die Psychoanalyse, der Wissenschaft die Frage der Wahrheit stellt, jedoch im Unterschied zur Letzteren stellt sie sie von einem Standpunkt aus, der radikal außerhalb der Wissenschaft liegt. Überdies lässt Lacan es sich nicht nehmen, die philosophisch-religiösen Systeme[29] zu kritisieren, welche mehr oder weniger im Zeichen des Humanismus wissenschaftliches Wissen und offenbarte Wahrheit vermischen und in denen er bloß Mystifizierungsversuche sieht. Und was nun gerade die Psychoanalyse angeht? Davon ausgehend, Aristoteles habe, was die Frage der materiellen Ursache betrifft, total versagt, insofern als bei ihm die Materie nur als rein passives Element auftritt, hebt Lacan die Wichtigkeit der materiellen Ursache hervor, indem er sie als die Form der Auswirkung des Signifikanten definiert.[30] Dabei wird der Signifikant als Platzhalter der Repräsentation des fehlenden Objektes betrachtet und in seiner Wirkung von der Bedeutung getrennt definiert. Dergestalt hinterlässt der Phallus «seinen Abdruck» auf dem Subjekt, ohne das Zeichen sein zu können, welches das biologische Geschlecht des Partners repräsentiert. «Er ist nichts anderes als dieser Punkt des Mangels, den er im Subjekt aufzeigt».[31] Mittels dieses «Gnomons, welches das Subjekt aufrichtet, um ihm unablässig den Punkt der Wahrheit zu bezeichnen»[32], wird Lacan, und dies noch mehr im folgenden Jahr, die Drehscheibe der vier Objekte (a) anordnen. Wir werden nun den nächsten Schritt des Seminars nachvollziehen: das Fantasma in Angriff nehmen, insofern es die Artikulierung zwischen (a) und (-φ) und die Problematik der Arten des Genießens einführt.

Übersetzung: J. Cadiot, A. Hamad, U. Lefkowitz, M. Meyer zum Wischen, K.-J. Pazzini

> Dans le séminaire « L'objet de la psychanalyse » de Jacques Lacan il s'agit moins d'affirmer que la psychanalyse est ou n'est pas une science que de préciser en quoi la psychanalyse, « fille de la science » et inscrite dans le champ de la science, interroge cette dernière dans et à partir de ce qu'elle forclôt : le sujet et la vérité comme cause. Telles sont les questions essentielles abordées cette année du séminaire. Elles ne sont évidemment pas nouvelles pour Lacan, mais elles trouvent ici un temps d'aboutissement, correspondant à l'achèvement de sa théorie du désir.
>
> Lacans seminar «The Object of Psychoanalysis» (Le Séminaire, livre XIII) is less about proving the status of psychoanalysis as a science, but about clarifying to what extent psychoanalysis – daughter of science and inscribed into the field of science – surveys the latter therein and based on what it excludes: subject and truth as cause.
> This years' seminar addresses these two main questions. They are, of course, not new for Lacan, but they come to a conclusion which corresponds with the completion of his theory of desire.

Alain Lemosof, Psychoanalytiker in Paris. Mitbegründer der Société de Psychanalyse Freudienne, der er als Membre Associé angehört. Er bietet dort Lehrveranstaltungen zur psychoanalytischen Klinik an, die sich auf eine kritische Lektüre Lacans stützen. Er hat diverse Artikel verfasst und zu zwei Sammelbänden beigetragen: «Lacaniana II» und «Sexualité, genres et mélancholie. S'entretenir avec Judith Butler».

Alain Lemosof, Psychanalyste à Paris. Cofondateur de la Société de Psychanalyse Freudienne dont il est Membre Associé et y assure un enseignement sur la clinique psychanalytique s'appuyant sur une lecture critique de Lacan. Il a écrit divers articles et collaboré à deux ouvrages collectifs, « Lacaniana II », et « Sexualités, genres et mélancolie. S'entretenir avec Judith Butler ».

Alain Lemosof, Psychoanalyst in Paris. Cofounder of the Société de Psychanalyse Freudienne of which he is Membre Associée and where he provides teaching in psychoanalytic clinic based on a critical reading of Lacan. He has written various articles et contributed to two anthologys: «Lacaniana II» and «Sexualités, genres et mélancolie. S'entretenir avec Judith Butler».

Anmerkungen

1 Die Tatsache, dass es sich jedoch beim Finden immer um ein Wiederfinden handelt, entgeht Lacan nicht, wenn man sich an seine Aussage im Vortrag vom 13.10.1972 in Louvain erinnert: «Wenn ich eines Tags erfunden habe, was das Objekt (a) ist, dann eben, weil es in ‹Trauer und Melancholie› geschrieben steht.» (Hinweis der Übersetzer).
2 Wir haben hier das Wort «Fund» für die Übersetzung von «trouvaille» vorgezogen, weil es etwas von dem überraschenden Moment des Letzteren wiedergibt. Was jedoch verloren geht, ist der Signifikant «trou» (Loch), der in der Konzeptualisierung Lacans zentral ist und den man auch als die Ursache des Findens bezeichnen kann. Wie Picasso sagte ja Lacan: «Je ne cherche pas, je trouve.» (Ich suche nicht, ich finde). Der «Trouvère» ist ja der Troubadour, der Minnesänger, der Dichter, womit sich für Lacan die poetische Dimension in der analytischen Arbeit ausdrückt (Hinweis der Übersetzer).
3 Mit dem Begriff »enseignement» (Lehre, Lehren) setzt sich Lacan von einem didaktischen Zugang in der Vermittlung der Psychoanalyse ab. Lehre und Lehren sind bei hm, wie Wissen und Wahrheit, möbiusartig miteinander verbunden. Siehe auch: «Allocution sur l'enseignement» in: Autres Écrits (2001), Paris.
4 Mit dieser Metapher deutet der Autor jetzt schon auf Lacans späteren Gebrauch geometrischer Formen zur Darstellung des komplizierten Verhältnisses zwischen Subjekt und Objekt (a) im skopischen Bereich hin. Fraktale Objekte sind

mathematische Objekte, deren Form nur in der Unregelmäßigkeit oder in der Fragmentation ihre Regel findet (so z.B. Schneeflocken) (Hinweis der Übersetzer).

5 Es sei bemerkt, dass Lacan, wenn er von der Wissenschaft spricht, oft die Tendenz hat, sie oder auch ihren Diskurs mit dem der formalen Logik zu identifizieren, sie also zu reduzieren.

6 Das französische Wort «cornue» weist als Homophonie auch auf «den Gehörnten hin» (Hinweis der Übersetzer).

7 Diese Frage ist schon von B. Vandermersch zum Seminar XI eingeführt worden: «Das Subjekt des Unbewussten ist das Subjekt der Wissenschaft im Sinne des von der Wissenschaft ausgeschlossenen Subjekts.» Wir führen hier den Gedankengang weiter, indem wir davon ausgehen, was Lacan seitdem präzisiert hat, und zwar besonders in diesem Seminar über das Objekt.

8 «Für unsere Position als Subjekt sind wir immer verantwortlich», sagt Jacques Lacan in «Die Wissenschaft und die Wahrheit» am 1. Dezember 1965. Die Debatte zwischen Psychoanalyse, kognitiver Psychologie und Neurowissenschaften ist auf dieser Ebene zu führen.

9 «dans son extension la plus large» weist wohl auf Descartes' «étendue» hin (Hinweis der Übersetzer).

10 Assujettissement» enthält das Wort «Sujet», Subjekt, welches im Französischen einen viel weiteren Bereich umspannt als den des «Untertans».

11 Diese These, die in verschiedenen Momenten des Seminars vernehmbar ist, wenn Lacan vom «modernen Neurotiker» spricht, wird später wieder aufgenommen, besonders während des Jahres, das er der «Kehrseite der Psychoanalyse» widmen wird.

12 Man könnte hier vom Sinthom eines Zwangsneurotikers sprechen, wobei das dubito in ein cogito transformiert wird (Anmerkung der Übersetzer).

13 Der Psychoanalytiker ist sicherlich nicht die einzige Figur, die dieses Subjekt der Wissenschaft verkörpert. In der Eröffnungslektion bestimmt Lacan diese Funktion als ausgehend von tatsächlich vorhandenen Wissenschaften.

14 Anspielung auf die res extensa bei Descartes (Anmerkung der Übersetzer).

15 Die Übersetzung von «demande» mit «Anfrage» ist nicht ganz unproblematisch; die Dimension des Anspruchs geht dabei verloren (Anmerkung der Übersetzer).

16 Wir haben die Ausdrücke «être de vérité» und «être de savoir» so übersetzt, um eine Ontologisierung zu vermeiden. So spricht Lacan nicht von «être de la vérité» oder «être du savoir»; es geht ihm um die Spaltung des Subjekts und nicht um eine Wesensbestimmung von Wahrheit und Wissen, wie aus dem Text im Folgenden hervorgeht.

17 Der im Sinne J.-C. Milners «hyperstrukturalistische» Beitrag Lacans ist, dort ein Subjekt zu begründen. Cf. Jean-Claude Milner (2002), Le périple structural, Paris.

18 Wir ziehen hier die Übersetzung von «division» mit «Teilung» vor, weil «Spaltung» pathologisch konnotiert sein kann (Hinweis der Übersetzer).

19 Muss man unterstreichen, dass Lacan Gödel interpretiert? Wie Jaako Hintikka in seinem Werk über Gödel ausführt (On Gödel, Belmont, Wadsworth Publishing,

2000), beweist das Unvollständigkeitstheorem nicht, dass es «in der Arithmetik (oder in einem anderen System) wahre, aber absolut unbeweisbare Sätze gibt». Es zeigt eher, dass «alle wahren Sätze der Arithmetik nicht in einem einzigen gegebenen formellen System bewiesen werden können», mit der wichtigen Folge, dass die Nicht-Widersprüchlichkeit einer Theorie, stark genug als nicht widersprüchlich axiomatisiert, in der Sprache der jeweiligen Theorie nicht beweisbar ist.

Aber für Gödel bedeutet das nicht, dass die Nicht-Widersprüchlichkeit nicht zu beweisen wäre, namentlich in einer Metasprache, es sei denn, dass man wie Lacan, weil er Analytiker und nicht Mathematiker ist, die Inexistenz Letzterer behauptet. Wer diesen grundlegenden Unterschied nicht sehen will – welcher eine andere Benennung für das Begehren des Analytikers ist – noch den eigensten Beitrag Lacans, der in seiner Herausarbeitung des Objekts (a) besteht, wer die Frage einfach schließen und verleugnen will, gelangt zu vermeintlich wissenschaftlichen ideologischen Thesen wie denen von Sokal und Bricmont.

20 Seminar vom 9.02.1966.
21 Ibidem.
22 Ibidem.
23 Dieses befremdende Ineinandermünden (abouchement étrange) bestimmt demnach für Lacan die Nahtstelle des Subjekts der Wissenschaft, die sich auf Kosten der Verdrehungen des Möbiusbandes herstellt. (Sitzung vom 12.01.1966).
24 Seminar vom 12.01.1966
25 Ibidem.
26 Pyrrhon, griechischer Philosoph, Begründer der skeptischen Schule (365-275 vor Christus) (Anmerkung der Übersetzer).
27 Siehe Fußnote 8.
28 Die Anspielung auf den Gott der Unterwelt ist mit dem französischen Ausdruck «plutôt mythique» («eher mythisch») homophon.
29 Paul Ricoeur.
30 An dieser Stelle wird besonders deutlich, wie sich der Schwerpunkt vom Vorrang des Symbolischen zu der Materialität des Realen und des Objekts a verlegt.
31 J. Lacan, Écrits, p. 877
32 Ebenda.

Geneviève Morel

Gender, Über-Ich und Anrufung (Interpellation)
Über *Tomboy* von Céline Sciamma

> Die Psychoanalyse erlaubt eine Kritik des ‹Gender›-Begriffs als eines Systems von Klassifikationen und Identifikationen mit normativer Tragweite, das im Rahmen des «Kultur-Über-Ichs» einer Epoche situiert werden kann, ein Konzept, das Freud 1930 einführte und das sich wie eine Freud'sche Theorie der Ideologie lesen lässt. Mittels der Analyse des Films *Tomboy* von Céline Sciamma (2011) zeigen wir, dass eine Analyse des Ideologiebegriffs, wie ihn Althusser eingeführt hat, unzureichend ist, um von den subjektiven Wandlungen Zeugnis abzulegen, sofern man nicht ein zweites Niveau berücksichtigt, jenes des Akts und seiner unbewussten und phantasmatischen Beweggründe.

Als Parodie einer berühmten Äußerung von Simone de Beauvoir ließe sich fragen: Wie wird man im 21. Jahrhundert Mädchen? Man hat vor einiger Zeit gesehen, in welch hohem Maße diese Frage die Kirche beschäftigt, da der ehemalige Papst Ratzinger diesen Satz von Beauvoir zitierte wie den Anfang vom Ende des Naturalismus.

Muss man sich der jugendlichen Sexualität mit all ihren Ambiguitäten aber zwangsläufig in Gender-Begriffen annähern? Anhand der Analyse des kürzlich erschienenen Films von Céline Sciamma, der den aussagekräftigen Titel *Tomboy* trägt (Englisch für «burschikoses Mädchen»), möchte ich zeigen, wie eine Herangehensweise an die Adoleszenz in Gender-Begriffen unzureichend bleibt, ja inwieweit eine solche Herangehensweise mit dem verbunden ist, was Freud das «Kultur-Über-Ich» genannt hat, das heute auch mit dem Namen «Ideologie» bezeichnet werden kann.

Die Debatte über das, was es heißt, ein Mann oder eine Frau zu sein bzw. ein Geschlecht zu haben, erfuhr, so kann man sagen, in den 1920er Jahren durch und um Freud herum eine tiefgreifende Veränderung. Sie ist seither ausführlich von der Soziologie, dem Feminismus, der Philosophie, der Psychologie, der Medizin, der Rechtswissenschaft, der Politik und der Kunst aufgegriffen worden. Kann diese aktuelle Debatte sich nun aber auf die Frage des Gender beschränken? Die Idee des Gender impliziert eine Klassifikation der Geschlechter, die sich nicht auf die Biologie beschränkt: Man kann eine

Frau in einem Männerkörper oder ein Mann in einem Frauenkörper oder sogar eines dritten Geschlechts sein, welcher auch immer der eigene Körper ist. Das Gender geht vom Postulat aus, dass eine die Menschen definierende sexuelle Identität existiert, die nicht biologisch determiniert ist und der sich die Gesellschaft in den Weg stellen kann. Folglich kann man ein weibliches Erscheinungsbild haben und wie ein Mädchen aufgezogen werden, während man eine männliche Identität hat, und also von männlichem Gender ist. Wenn man in Gender-Begriffen spricht, akzeptiert man also einerseits die Idee einer geschlechtlichen Klassifikation und andererseits – wie es die Begriffe Sein oder Identität ausdrücken, die man in diesem Kontext automatisch benutzt – dass man die charakteristischen Züge dieses Seins und dieser Identität erst suchen muss. Eine psychoanalytische Theorie des Gender wie jene von Stoller (1978) basierte folglich auf der Existenz eines Kerns von geschlechtlicher Identität. Eine philosophische Theorie des Gender wie die von Judith Butler (2002), die sich auf die Psychoanalyse stützt, diese zugleich aber auch kritisiert, bedient sich vorzugsweise der der Freud'schen Melancholie-Theorie entlehnten Identifikationsmechanismen.

Gender und Kultur-Über-Ich

Die von der Biologie losgelösten Klassifikationen und Identifikationen des Gender führen zu einer Einschätzung der Eigenschaften von Individuen, die sich notwendigerweise auf soziale Normen beziehen. Aus diesem Grunde weisen die Gender-Klassifikationen einen starken Bezug zu dem auf, was wir Ideologie nennen und was Freud 1930 als «Kultur-Über-Ich» definiert hat. Erinnern wir kurz daran, worum es sich hierbei handelt: Im letzten Kapitel von *Das Unbehagen in der Kultur*, in dem Freud eine Analogie zwischen der individuellen und der kollektiven Psychologie aufstellt, ‹verdoppelt› er in der Tat das Über-Ich durch ein neues Konzept, das «Kultur-Über-Ich». Dieses werde von der Gemeinschaft hervorgebracht, um so auf die Entwicklung der Zivilisation einzuwirken. Die Freud'sche These ist, wie wir wissen, dass der Hang zur Aggression (Thanatos) das größte Hindernis für die auf Eros zurückzuführenden Beziehungen zwischen den Menschen und also für die Zivilisation darstellt. Um zu überleben, muss diese also die aggressiven Strebungen hemmen, eine Aufgabe, die sie auf eine ganz und gar militärische Weise ans Über-Ich delegiert: «Die Kultur bewältigt also die gefährliche

Aggressionslust des Individuums, indem sie es schwächt, entwaffnet und durch eine Instanz in seinem Inneren, wie durch eine Besatzung in der eroberten Stadt, überwachen läßt.»[1]

Auf Seiten, die einen erschaudern lassen, beschreibt Freud dieses Über-Ich, das einer Logik gehorcht, die absolut ungerecht und ebenso widersprüchlich wie erbarmungslos ist: Es bestraft die Heiligsten, als wären sie die düstersten Sünder, und quält die Allerunglücklichsten, die Opfer ihres Schicksals, die es im Namen eines unerreichbaren Ichideals und eines Schuldgefühls, das der wahrhafte metapsychologische Name des «Unbehagens» ist, ohne Unterlass foltert. Warum führt Freud aber nun dieses neue Konzept des Kultur-Über-Ichs ein? Er enthüllt uns mehrere Charakteristika: Es hat einen Ursprung, der dem individuellen Über-Ich vergleichbar ist, dessen Bildung in dem Maße mit der Zerstörung des Ödipus-Komplexes verbunden ist, wie es «auf dem Eindruck [ruht], den große Führerpersönlichkeiten hinterlassen haben»[2], die wie Jesus Christus zu Lebzeiten schlecht behandelt wurden und die den Ur-Mythos des toten Vaters heraufbeschwören. Darüber hinaus stellt auch das Kultur-Über-Ich ideale Forderungen, deren «Nichtbefolgung durch ‹Gewissensangst› gestraft wird»[3]. Nichts Neues in Bezug auf das individuelle Über-Ich also. Aber das Kultur-Über-Ich weist noch eine andere Eigenschaft auf, die für unsere Gedanken zum Gender interessant ist: Seine Forderungen sind zugänglicher als jene des individuellen Über-Ichs, die unbewusst bleiben, die aber, wenn sie in der Analyse auftauchen, mit denen des Kultur-Über-Ichs ‹verklebt› sind. Das Kultur-Über-Ich, eine kollektive Instanz, ist also transparenter, lesbarer als sein individuelles Pendant und erlaubt, sich diesem letzten, das unbewusst bleibt, anzunähern. Man sieht hier, wie das Kultur-Über-Ich mit dem modernen Begriff der Ideologie in Verbindung gebracht werden kann, die sich in den Erzeugnissen der Kultur entziffern lässt. Insofern das Gender eine Gesamtheit von Klassifikationen und Identifikationen darstellt, die von der Konfrontation und Einschätzung des Individuums bezüglich der von der Gesellschaft auferlegten Normen abhängig sind, kann man das Gender als eine ideologische Produktion betrachten, die ihrerseits vom Kultur-Über-Ich einer Epoche abhängt.

Psychoanalytische Gender-Kritik

Gibt es Gender-Theorien, die die Klassifikation hinter sich lassen und das Konzept der Identifikation übersteigen? Ich glaube es nicht. Von einer Kritik des Gender-Begriffs ausgehend, habe ich zwei Bücher geschrieben. Im ersten, *Ambiguïtés sexuelles* (sexuelle Ambiguitäten), ging ich von einem den Gender-Theoretikern entgegengesetzten Postulat aus, und zwar von einer fundamentalen Ambiguität bezüglich der Sexuierung (ich greife hier einen Begriff von Lacan auf, von dem wir sehen werden, worin er einen Gegensatz zum Gender darstellt). Ich habe hier die Theorie der Sexuierung im Kontext einer Reihe klinischer Fälle von Transsexualismus und Psychose aus meiner Praxis untersucht und habe eine Theorie der Sexuierung in drei logischen Schritten eingeführt, die den Begriff der Wahl oder der Entscheidung, den man bei Freud findet, nicht ausschließt. Im folgenden Buch, *La loi de la mère* (das Gesetz der Mutter), habe ich meine Forschungen im Rahmen von Neurosen und Perversionen fortgeführt, indem ich mich auf die letzte Lacan'sche Theorie des Symptoms, jene des Sinthoms, bezog und insbesondere auf seinen Bezug zum mütterlichen Genießen und zur Sprache als Quellen von sexueller Ambiguität. Ich habe hier die verschiedenen Arten untersucht, mittels derer ein Sprechwesen, für Lacan ein Name des Menschen, sich dank eines Sinthoms vom mütterlichen Genießen trennen kann.

Es geht mir indessen in diesen Büchern nicht darum, zu sagen, dass man auf jegliche Klassifikation oder Identifikation verzichten kann, sondern darum, zu zeigen, dass die Psychoanalyse andere Konzepte eingeführt hat, die erlauben, das Reale, um das es hier geht, auf eine viel feinere Art und Weise zu erfassen. Und dass ein Subjekt, das sich auf eine Analyse einlässt, wissen kann, was es mit seiner Sexuierung auf sich hat, und so in Kenntnis der Sache einen Teil seiner bereits getroffenen Wahl überdenken kann. Daher mein Rückgriff nicht nur auf die Theorie, sondern auch auf eine genaue psychoanalytische Klinik. Um es zusammenzufassen, betrifft meine Gender-Kritik nicht das durch den Gender-Begriff aufgezeigte Problem, das durchaus ernstzunehmen ist, sondern die Art und Weise, mit der man sich untersagt, von etwas anderem zu sprechen als von Klassifikationen und Identifikationen, indem man auf das Gender a piori mit Begriffen identitärer Mechanismen antwortet. Es erscheint mir bedauerlich, dass fortan jedermann diesen heute so weitverbreiteten Begriff benutzt, als verstehe er sich von selbst.

Hinsichtlich der Frage, was es bedeutet, Mann oder Frau zu sein, war es indes selbst für einen so erfindungsreichen Psychoanalytiker wie Lacan ganz und gar nicht offensichtlich, dass es sich um anderes handeln könnte als um Klassifikationen und Identifikationen. Und tatsächlich nennt er, als er nachträglich seine berühmten Formeln von 1970, «die Formeln der Sexuierung» kommentierte, diese «Optionen sexuierter Identifikation»[4]. In diesem Ausdruck finden wir zunächst «Option», ein Begriff, der impliziert, dass es zumindest einen Entscheidungsspielraum gibt. Man findet anschließend den Begriff «Identifikationen». Diese sind in der Tat bereits in der Idee impliziert, dass man wählt oder dass man auf der einen oder der anderen Seite platziert ist. Es handelt sich um eine faktische Identifikation, wie auf dem Personalausweis, aber dies bedeutet dennoch nicht, dass man sich auf das psychoanalytische Konzept der Identifikation beschränken muss, um diese Option zu denken. Was den Begriff der der Biologie entlehnten Sexuierung angeht, so evoziert er mehrere Dinge: einerseits, dass der Biologie in dieser Angelegenheit eine essentielle Rolle zukommt, was an die Freud'sche Formulierung «die Anatomie ist Schicksal» erinnert und impliziert, dass wir uns nicht völlig von unserem biologischen Schicksal ablösen können, selbst wenn es uns stört, eine Idee, die jener der Unabhängigkeit des Gender vom Geschlecht widerspricht. Lacan vollzieht andererseits eine paradoxe Operation, indem er den Begriff «Sexuierung» dort von der Biologie löst, wo er nicht neben dem der «Optionen» bestehen könnte. Er überträgt indessen auf diese «Optionen» das reale Gewicht der Biologie, ihre Unbeweglichkeit, indem er diesen Begriff des biologischen Ursprungs mit etwas verknüpft, das im Gegenteil kulturell ist: sexuierte Positionen, die dechiffrierbar sind in den Phantasmen, den Symptomen, den Trieben, den Ausbildungen des Unbewussten, also ganz und gar materiellen Elementen, die mit dem Körper und seinen Formen des Genießens verbunden sind (aus diesem Grunde vermeidet er die Begriffe «psychisch» oder «mental»). Kurz gesagt, den Begriff «Sexuierung» zu verwenden, bedeutet, an die Trägheit aller libidinösen Bildungen zu gemahnen, an die Freud in seinen letzten Texten erinnert, und damit an die Schwierigkeit einer jeglichen subjektiven Veränderung in diesem Bereich. Die «Sexuierung» ist nicht mehr die Biologie, und gewiss kann man die Option eines anderen Geschlechts als seines anatomischen Geschlechts wählen, aber es gibt wie in der Biologie nur zwei klar definierte «Seiten», auf die man sich berufen kann, Mann und Frau (selbst wenn die Komplexität der Formeln auf zweierlei Ebenen und Seiten es erlaubt, andere Möglichkeiten wie den «Drang-zum-Weib» zu finden). Wenn Lacan jedenfalls letztlich den Begriff der Identifikation in der endgültigen Bezeichnung weggelassen hat, die er den «Formeln der Sexuierung» gegeben hat, dann nicht deshalb, um uns daran zu erinnern, dass sie ganz und gar anderes implizieren?

Jedoch ist die Frage des Kostüms und der sozialen Verhaltensweisen, also der imaginären und symbolischen sexuierten Identifikationen, wie sie von den Gender-Theorien beschrieben werden, insbesondere in der Psychoanalyse wesentlich, vor allem, weil man bei der Verfolgung der Spur dieser Identifikationen andere realere Elemente findet. Gefangen in ihrer impliziten Ideologie, können die Gender-Theorien leider nicht anders, als diese anderen Elemente zu ignorieren, womit sie der Logik eines Kultur-Über-Ichs verhaftet bleiben, das sich den Individuen unter dem Vorwand aufdrängt, sie zu zivilisieren.

Um dies zu zeigen, werde ich mich im Folgenden auf die Theorie der Ideologie von Louis Althusser stützen, die wie ein Sieb fungiert, indem sie gegen ihren Willen herausstellt, was die Ideologie ausspart, um daran dann die sexuierten Repräsentationen in einem jüngeren Kinofilm zu entschlüsseln, *Tomboy* von Céline Sciamma (2011). Diese Entschlüsselung wird uns vor Augen führen, was die Ideologie in Sachen Sexuierung verpasst, ein Verpassen, das auch für die Gender-Theorien gilt, in dem Sinne, als diese in das Ressort der Ideologie fallen.

Ideologie-Theorie: die Althusser'sche Anrufung (Interpellation)

Im Jahr 1970 veröffentlichte der französische Philosoph Louis Althusser einen Text mit dem Titel *Ideologie und ideologische Staatsapparate*[5]. Diesem gingen mehrere Texte voraus, welche sich der Frage der Ideologie annähern, die dem jungen Marx entnommen ist. Althusser stützt sich in eindrucksvoller Weise auf die Psychoanalyse, insbesondere auf die Theorien von Lacan und von Freud, um die Ideologie als eine «Anrufung» zu denken, womit er das Marx'sche Denken erneuert. Hier der bekannteste Auszug seines Textes, der eine «theoretische Szene» beschreibt:

«Wir drücken in dem obigen Satz aus, daß die Ideologie derart ‹wirkt› oder ‹funktioniert›, daß sie durch eine ganz bestimmte Operation, die wir Anrufung nennen, aus der Masse der Individuen Subjekte ‹rekrutiert› (sie rekrutiert alle) oder diese Individuen in Subjekte ‹verwandelt« (sie verwandelt alle). Man kann sich diese Anrufung nach dem Muster der einfachen und alltäglichen Anrufung durch einen Polizeibeamten vorstellen: ‹He, Sie da!› Angenommen die vorgestellte Szene spiele sich auf der Straße ab und das angerufene Individuum wendet sich um. Es wird durch diese einfache Wendung um 180 Grad zum Subjekt. Warum? Weil es damit anerkannt hat, daß der Anruf ‹sehr wohl› ihm galt und ‹niemand anders als es angerufen wurde›. Wie durch Erfahrungen belegt, verfehlen diese praktischen Telekommunikationen der Anrufung praktisch niemals ihren Mann; sei es durch mündlichen Zuruf oder durch Pfeifen, der so angerufene weiß immer, daß er es ist, der gemeint war. Dies ist auf alle Fälle ein merkwürdiges Phänomen, das nicht allein durch ein ‹Schuldgefühl› erklärt werden kann, trotz der Vielzahl der Leute, die ‹sich etwas vorzuwerfen haben›.»[6]

Tomboy

Der Film *Tomboy* (2011) zeigt die Triebfedern der Althusser'schen Theorie und das, woran sie sich im Bereich der Sexuierung stößt. *Tomboy* ist, wie wir sahen, der englische Name für ein burschikoses Mädchen (während man im Französischen wortwörtlich von einem ‹verfehlten Jungen› spricht, könnte man auf Deutsch auch sagen: ein Mädchen, an dem ein Junge ‹verloren gegangen› ist). Es geht im Film in der Tat um die Verhaltensweisen eines sehr hübschen Mädchens von schmaler und uneindeutiger Statur, das gerne ein Junge wäre, was in ihrem Alter ziemlich banal ist: Sie ist zehn Jahre alt (die Geschichte spielt wenige Tage vor dem Beginn des fünften Schuljahres). Weniger banal ist hingegen die Art, wie dies geschieht, und insbesondere die Beziehungen zwischen den Kindern, die im Übrigen dem Film seinen Rhythmus und seine Frische geben. Was mich interessiert hat, ist, dass die Handlung mit einer Anrufungsszene beginnt und endet.

Erste Anrufungsszene
Die erste Anrufungsszene spielt draußen, wo Laure durch das Fenster eine Bande von Jungen ihres Alters bemerkt. Sie geht hinaus und begegnet hier Lisa, dem Mädchen, das offensichtlich die Muse der Bande ist (sie ist das einzige Mädchen der Bande und ihre Weiblichkeit wird durch ihre langen Haare unterstrichen). Das Mädchen fragt: «Bist du neu?», bzw. wörtlich

im Französischen, «Bist du ein Neuer?», benutzt also die männliche Form, worauf Laure nach einigen Sekunden des Zögerns antwortet: «Ja». Lisa fragt: «Wie heißt du?», und Laure antwortet «Michaël». Diese Szene passt in den Kontext der Althusser'schen Anrufung. Sie gehört in der Tat zu einem abgemachten Ritual der Anerkennung unter Kindern auf dem Schulhof oder im Hof eines Wohnhauses, in Form der Frage nach dem Vornamen. Es handelt sich also um die Anrufung eines noch nicht benannten Subjekts (des Kindes, das ankommt), dem aber bereits im Vorhinein durch sein Geschlecht, hier das männliche, ein Rahmen gegeben ist, und die Anerkennung durch das neue Subjekt, dass es in die Kategorie passt, in der man es angerufen hat. Dieser Anerkennung folgt eine Bestätigung durch das Aussprechen des Vornamens, die Benennung, die hier eine Lüge ist.

Zuvor wurde man im Film in der Zweideutigkeit belassen: Die erste Einstellung zeigt den Hinterkopf eines geschlechtsneutralen Kindes mit kurzen Haaren, das aufrecht in einem Kabrio steht. Es fährt mit seinem Vater, der es etwas fragt wie, «Alles klar, da oben?», so als gebe es eine Welt unten (die Eltern) und eine Welt oben (die Kinder). Die Familie ist gerade in ein Miethaus in der Vorstadt gezogen: Laure, Jeanne, ihre sechsjährige Schwester mit langen lockigen Haaren, die äußerlich ebenso weiblich, überschwänglich und manieristisch ist wie Laure männlich, dezent und lakonisch, und die im neunten Monat schwangere Mutter. Jeanne trägt ein rosa Tutu, Laure Shorts, ein schludriges zu großes T-Shirt und eine Unterhose, die aus den Shorts hervorragt, wie es Jugendliche mögen. Das Zimmer von Jeanne ist rosafarben und voller Firlefanz und entspricht ganz dem Bilde eines Mädchens; das von Laure ist blau und schmucklos. Der Vater ruft die Kleine «Süße» (*choupinette*), während in Bezug auf Laure von keinem der beiden Eltern eine geschlechtliche Markierung der Sprache gebraucht wird. Alle Details führen uns eine stark ausgeprägte Polarität Mädchen/Junge vor, der auch die Spiele der Kinder entsprechen: Laure stellt sich der kleinen Schwester zur Verfügung, spielt mit ihr, behandelt sie aber auch spielerisch roh, indem sie auf sie springt, um sie zu überwältigen. Sie liest ihr das *Dschungelbuch* vor, die Geschichte eines Kindes, das mit einer anderen Spezies zusammenlebt. Beim gemeinsamen Bad in der Badewanne spielt sie das Spiel «Wer bist du?».

Die Mutter kommt die Kleine zärtlich holen, während die Große sich selbst helfen muss. Erst als die Mutter sie zum ersten Mal mit «Laure» anspricht, während diese aus dem Wasser steigt, sieht man ihr präpubertäres weibliches Geschlecht.

Der Film zeigt, wie Laure mit ihrer doppelten ‹Identität› umgeht: Sie muss sich rasch der Komplizenschaft Jeannes versichern, die sich kokettierend einweihen lässt und hierbei auf ihre Kosten kommt: Michaël wird nun ihr großer Bruder sein, der sie verteidigt, was sie so der Bande erzählt. Laure muss Fußball spielen und im Stehen pinkeln, wobei sie sich aus Angst, überrascht zu werden, vollmacht. Dann kommt es zur Bewährungsprobe in der Schwimmhalle: Sie wandelt ihren Badeanzug in eine Badehose und bastelt sich, um dieser eine Ausbeulung zu verleihen, einen Penis aus Knetmasse. Diesen legt sie anschließend in eine Schachtel, in der sie auch ihre ausgefallenen Milchzähne aufbewahrt. Sie lässt sich von Lisa, in die sie offensichtlich verliebt ist, auf den Mund küssen, wobei Lisa diejenige ist, die das Spiel anführt, jedoch auf eine schamhafte und diskrete Art und Weise. Zum Spielen schminkt Lisa Michaël/Laure als Mädchen und Laure zeigt sich so ihrer Mutter, die ihr Komplimente macht. Dieses Mal spricht die Mutter sie eindeutig im Femininum an. Lisa erahnt jedoch bereits etwas: Sie fragt sich, warum der Name von Michaël nicht auf der Klassenliste des Schuljahresbeginns steht ...

Alles bricht zusammen, als Michaël/Laure tatsächlich ihre kleine Schwester gegen einen Jungen verteidigt, der sie angerempelt hat. Laure schlägt den Jungen zu fest und am Abend erscheint die Mutter des geschlagenen Kindes bei den Eltern von Laure, um diese zur Rechenschaft zu ziehen. Die Mutter versteht zunächst nicht, wer Michaël ist, begreift dann aber, dass man von ihrer Tochter spricht. Sie entschuldigt sich und wird auf ihre Tochter böse, was indes sehr moderat bleibt. Sie berichtet den Vorfall dem Vater, der jedoch nicht eingreift und im Schatten bleibt. Die Mutter ist diejenige, die die Dinge regelt.

Zweite Anrufungsszene
Um diese zu verstehen, muss man die Szene der Präsentation Laures als Mädchen durch die Mutter berücksichtigen, die ihr vorausgeht. Die Mutter zieht ihrer Tochter ein Kleid an (das sie übrigens männlicher wirken lässt als in Shorts, so als wäre sie verkleidet) und nimmt sie dann zum geschlagenen Kind mit, damit sie hier als Mädchen erkannt wird. Laure protestiert, als die Mutter den Vorgang bei Lisa wiederholen will. Die Mutter sagt ihr

sinngemäß: «Du kannst spielen, ein Junge zu sein, das stört mich nicht, aber hier muss es aufhören.»

Lisa wendet ihr den Rücken zu und Laure flieht in den Wald, wo sie sich erneut die Shorts überzieht. Sie belauert die Kinderbande, die über sie spricht: «Es ist ein Mädchen?» Die Kinder fangen sie und wollen ihr Geschlecht mit eigenen Augen «überprüfen». Lisa ist es, die diese erniedrigende Geste vollziehen muss, da sie ja Laure geküsst hat, was die Bande «ekelhaft» findet. Man sieht auf der Leinwand nur die Gesichter und Lisas Blick, der auf Laures entblößtes Geschlecht gerichtet ist. Diese Szene stellt eine Verdopplung der Szene dar, in der man uns das nackte Geschlecht von Laure zeigte, die aus dem Bad steigt.

Die zweite Anrufungsszene schließt den Film ab. Das Baby ist geboren und es ist ein Junge. Die beiden Schwestern sind über das Bett ihrer Mutter gebeugt, Laure will nicht mehr ausgehen. «Es fällt ihm schwer aufzuwachen», sagt die Mutter vom Neugeborenen. Laure bemerkt durch das Fenster Lisa, die auf sie wartet, und sie geht hinunter. «Wie heißt du?», fragt Lisa zärtlich. «Laure», antwortet diese und lächelt. Ende des Films.

Der Film ist ganz und gar nicht psychologisierend und bietet absichtlich keinerlei Erklärung. Dies erlaubt mehrere Lesarten. Er überlässt dem Zuschauer die Interpretation, suggeriert jedoch am Ende, wie mir scheint, dass eine Freundschaft oder eine homosexuelle Liebe entstanden ist zwischen Laure und Lisa, die letztlich den «Übergang» von Michaël zu Laure akzeptiert.

Subjektiver Wandel: eine andere Ebene als die Anrufung

Die Geschichte ist nebensächlich, was mich interessiert, ist etwas anderes. Man sieht an *Tomboy* sehr deutlich, dass das, was der Anrufung zugrunde liegt, etwas anderes ist als die Sprache. Althusser sprach von der Materialität der Ideologie, verkörpert durch die ISA[7] und die Rituale, und erinnerte dabei an die Beharrlichkeit, mit der Blaise Pascal das Gebet forderte: Fange mit dem Beten an, glauben wirst du hinterher. In der Tat findet die Anrufung stets in einer Praxis, im Rahmen eines Rituals statt. Der Film geht jedoch noch darüber hinaus. Es gibt zwar ein erstes Element, und zwar das Ritual mit der Frage, «Wie heißt du?», zwischen den Kindern, das den Rahmen einer ISA darstellt, jenes erste kodierte Treffen zwischen den Kindern im Hof. Tatsächlich gibt es im Film die Wirkung mehrerer ISA, die mit ihren je eigenen Regeln nebeneinanderstehen oder sich entgegenstehen: die Familie, die ‹Welt› der Kinder, die wie im *Dschungelbuch* deutlich von jener der Erwachsenen getrennt ist, die Vorstadtbande, die Schule etc. Aber es gibt noch ein zweites Element: Lisas Irrtum, der Laures Phantasma begegnet. Sie drückt es in einem einfachen, «du bist neu», aus. Und diese singuläre Begegnung (später wird sie präzisieren: «du bist nicht wie die anderen») ist wesentlich. Der stille Blick, den Lisa auf Laure wirft, ist im Film allgegenwärtig und man kommt nicht umhin, den Blick der Mutter (den unseren), der sich am Anfang des Films auf das nackte Geschlecht von Laure richtet, in Beziehung zu Lisas Blick auf das als weiblich erkannte Geschlecht von Laure am Ende des Films zu setzen. Es sind dies die einzigen beiden Szenen, in denen Laures Geschlecht zu sehen ist. Es ist indes dieses triebhafte Element, das der Anrufung zugrunde liegt. Ohne dieses hätte es nicht die Antwort gegeben, «ja, das bin ich, Michaël». Eine Antwort, in der das Subjekt sich im Einklang mit dem Anspruch des anderen identifiziert, der seinem eigenen Phantasma begegnet, wie ein Junge zu wirken. Auf diese Artikulation geht Althusser kaum ein. Er wählt als Interpretationsbeispiel das religiöse Beispiel als etwas, wo das Subjekt sich Gott gegenüber sieht, dem (großen) Subjekt, dem Zentrum, und seine spiegelbildliche und symbolische Anerkennung findet, indem es sich ihm unterwirft, wobei es zugleich die Garantie dafür findet, der Gemeinschaft anzugehören. In der Anrufung des Films gibt es kein (religiöses oder polizeiliches) Autoritätsritual und auch keine Vorab-Schuld (Althusser gibt anfänglich zu verstehen, dass das Schuldgefühl ein Element der Anerkennung, z. B. der polizeilichen Anrufung sein könnte, wenn er dann auch diese Hypothese etwas vorschnell ausschließt). Was hier die Autorität darstellt und das Spiel bestimmt, das ist die Begegnung mit einem Anspruch, der als Begehren aufgefasst wird (Lacan sagt, dass der Neurotiker den Anspruch des (großen) Anderen mit seinem Begehren gleichsetzt), und mit dem Phantasma des Subjekts. Die Autorität, die Macht, ist die des Begehrens, welches Gesetz ist.

Das «Aufwachen» am Ende, im Moment der Ankunft des ‹wahren› Jungen in der Familie, die zweite Anrufung, wäre die Wiederherstellung der guten Ordnung, in der die Liebe, die nun homosexuell geworden ist, beibehalten wird. Ein Happy End in der Art: «Ich, Lisa, ein Mädchen, kann dich, Laure, auch wenn du ein Mädchen und kein Junge bist, lieben und dein weibliches Geschlecht geradewegs anblicken.» Dies wäre für das Subjekt eine gewisse Annahme seines Geschlechts und seiner Kastration (ich sage Kastration, weil das Phantasma des besessenen und verlorenen Penis im Film mit der Milchzahn-Schachtel präsent ist, in die Laure ihren Penis aus Knetmasse räumt). Dies wäre in gewisser Weise die Geburt eines ‹wahren› Mädchens. Unser Beispiel lässt eine zweite Ebene erkennen, eine unbewusste, aber wahrnehmbare Ebene, Ebene des Phantasmas und des Begehrens, die der symbolischen und imaginären Wirkkraft der Anrufung, die Althusser hervorgehoben hat, zugrunde liegt. Es ist die Ebene, die Althusser nicht beachtet: Er operiert diesseits der Anrufung, die hier wie ein ideologischer Geschlechtsmechanismus funktioniert.

In Hinblick auf den Film kann man weitere Punkte bezüglich der Sexierung kommentieren. Es gibt in der Tat eine triviale Lacan'sche These, die ich in *Ambiguïtés sexuelles* kritisiert habe und nach der die Sexierung dem Subjekt durch den Namen-des-Vaters verliehen würde. Entsprechend hätten die Psychotiker keine wahrhafte Sexierung und wären außer-geschlechtlich, was absurd ist. Diese These verwechselt Phallus und Geschlecht, fast wie das kleine Mädchen im Film! Es ist natürlich ein Vorurteil, das so niemals von Lacan formuliert wurde, selbst als er am Höhepunkt seiner ersten Theorie des Namen-des-Vaters war. Im Film wird dieser Akt von Autorität und Namensgebung von der Mutter verübt, gewiss im Namen-des-Vaters, der im Schatten heraufbeschworen wird, als sie ihre Tochter bei den Eltern der Kinderbande «vorstellen» geht. Da sie eine aufgeschlossene und liberale Mutter ist (sie ist es im Übrigen mehr als die Kinder der Bande), spricht sie auch aus, dass ihre Tochter durchaus einen Jungen spielen darf, dass sie hierbei aber nicht zu weit gehen kann, dass es also eine Grenze gibt. Und fast alles im Film könnte die Idee bestärken, dass das Geschlecht nur ein Spiel der Sprache ist: Identitätsspiel zwischen dem Bruder und der Schwester, Lektüre des *Dschungelbuchs*, wo es ebenfalls ein Identitätsproblem gibt, ‹Spiel der sieben Familien› (eine französische Quartettspiel-Variante) mit dem Vater, in dem man den Sohn und die Tochter identifiziert. Es gäbe unterdessen nur einen einzigen realen Anschlagspunkt, die Anatomie (das vor der Mutter, dann vor Lisa entblößte Geschlecht). Man muss allerdings feststellen, dass dieser Anschlagspunkt nur gültig ist, wenn die Mutter ihn anerkennt und ihn als solchen in der Sprache anerkennen lässt: Er wird dann zum persönlichen Datum und schreibt sich als Gesetz ein. In *Ambiguïtés sexuelles* habe ich dies die ersten beiden Phasen der Sexierung genannt, verwoben mit der

Annahme oder Nicht-Annahme des Phallus und der Kastration. Mit diesen beiden Phasen bleibt man in der Gender-Theorie, die eine Klassifikations- und Identifikationstheorie ist, der man auch die Anrufung durch die Autorität (im Film die Mutter) zuordnen kann.

Aber man sieht deutlich, dass die Ursache der subjektiven Wandlung des Kindes woanders liegt. Es ist ein drittes, unsichtbares Element, diesseits der vorangegangenen symbolischen und imaginären Elemente. Dieses Element wird durch das Begehren von Lisa aufgedeckt. Es handelt sich um die sexuierte Wahl des *Tomboy*, die bereits vor der Begegnung mit Lisa existiert: Unter dem Blick der Mutter hatte das Kind Laure sich als Mädchen verleugnet und phantasmatisch als Junge behauptet (gewiss kommen hier Elemente des mütterlichen Genießens, das wir nicht kennen, dessen, was ich «das Gesetz der Mutter» genannt habe, mit ins Spiel). Daher rühren die beschützenden und jungenhaften Verhaltensweisen im Umgang mit der Schwester, die im Übrigen das Symptom sein werden, das zur Aufdeckung des Geheimnisses führt. Ihre Anrufung als Junge durch Lisa erfüllte dieses Phantasma und beschleunigte die Verliebtheit eines heterosexuellen Pärchens. Anschließend wohnt man einer Operation wie in einer Art von Übertragung bei: Die Tatsache, dass Lisa sie als Mädchen weiterhin lieben kann, macht für Laure eine subjektive Umwandlung akzeptabel, die eine andere sexuierte Wahl bedeutet. Ein homosexuelles Paar ist von nun an möglich.

In *Tomboy* sehen wir, wie sich bei Laure eine subjektive Wendung abzeichnet, diesseits der ideologischen und Über-Ich-haften Determinationen des Geschlechts, dank ihrer Liebe und dank der abschließenden Handlung Lisas, die die ‹Kastration› des Anderen geradeheraus anblicken kann. Wie wir gesehen haben, handelt es sich um die Begegnung zwischen dem Phantasma der einen und dem Anspruch der anderen, die das Unbewusste der beiden Jugendlichen impliziert und an die einzig die Psychoanalyse erlaubt heranzugehen. Die Altuhusser'sche Theorie der Anrufung erweist sich als ausreichend feinsinnig, um uns sowohl zu zeigen, dass das Geschlecht ein gewisser Typ von ideologischer und Über-Ich-hafter Anrufung ist, wie auch, dass die realen Elemente der Sexuierung sich von der Anrufung als ihrer realen Stütze negativ ableiten.

Übersetzt aus dem Französischen von Susanne Müller.

La psychanalyse permet de critiquer la notion de ‹genre› comme un système de classifications et d'identifications à portée normative, qui peut être situé dans le cadre du «surmoi culturel» d'une époque, concept introduit par Freud en 1930, et qu'on peut relire comme une théorie freudienne de l'idéologie. Grâce à l'analyse du film *Tomboy*, de Céline Sciamma (2011), nous montrons qu'une analyse en terme d'idéologie, telle que l'a introduite Althusser, est insuffisante à rendre compte des changements subjectifs, si on ne prend pas en compte un second niveau, celui de l'acte et de ses causes inconscientes et fantasmatiques.

Psychoanalysis allows to criticise the notion of ‹gender› as a normative system of classifications and identifications. This system can be understood in the context of the «cultural superego» of an era, concept introduced by Freud in 1930 and that can be read as a Freudian theory of ideology. Taking Céline Sciamma's movie *Tomboy* (2011) as an example, we point out how an analysis in terms of ideology, such as the one introduced by Althusser, is insufficient to explain subjective changes if we do not take into account the second level of the act and its unconscious and phantasmatic causes.

Geneviève Morel, Psychoanalytikerin in Paris und in Lille, ehemals Studentin an der Ecole Normale Supérieure, universitäre «Agrégation» im Fach Mathematik, Doktor in klinischer Psychologie und Psychopathologie (Universität Paris 7). Vorsitzende von *Savoirs et clinique, Association pour la formation permanente en psychanalyse* (Assoziation für Fortbildung in Psychoanalyse) in Lille und Paris, Vorsitzende des *Collège de Psychanalystes d'A.l.e.p.h.*

Geneviève Morel, psychanalyste à Paris et à Lille, ancienne élève de l'Ecole Normale Supérieure, agrégée de l'Université (mathématiques), docteur en psychologie clinique et psychopathologie (Université Paris 7). Présidente de « Savoirs et clinique. Association pour la formation permanente en psychanalyse » à Lille et à Paris, présidente du Collège de Psychanalystes d'A.l.e.p.h.

Geneviève Morel, psychoanalyst in Paris and Lille, studied at the École Normale Supérieure (ENS) at Paris, university lecturer in mathematics, doctor of clinical psychology and psychopathology (university Paris 7). She is president of « Savoirs et clinique » – *Association pour la formation permanente en psychanalyse* (association for permanent education in psychoanalysis) in Lille and Paris, as well as of the *Collège de Psychanalystes d'A.l.e.p.h.*

Anmerkungen

1. Freud, S. (2000) Das Unbehagen in der Kultur. Frankfurt am Main. 250.
2. Ibid. 266.
3. Ibid. 267.
4. Die Formeln der Sexuierung werden in *Encore* auf Seite 73 entwickelt. Man findet den Ausdruck «sogenannte Optionen sexuierter Identifikation» in Lacans nicht veröffentlichtem Seminar vom 14. Mai 1974 (*Les non-dupes errent*).
5. Althusser, L. Ideologie und ideologische Staatsapparate. In: Althusser, L. (1977) Ideologie und ideologische Staatsapparate. Aufsätze zur marxistischen Theorie. Hamburg/Westberlin. 108-153.
6. Ibid. 140.
7. Erinnern wir daran, dass ISA für Althusser «ideologischer Staatsapparat» bedeutet.

Franz Kaltenbeck

Noch etwas zu *orvieto*[1]

Unsere Auslegung des Gedichts *orvieto* von Reinhard Priessnitz ergibt, dass er in der ersten Terzine, der Exposition, ein Paradox schuf. Das Versprechen oder die Anordnung, die dort geäussert wird, enthält einen Widerspruch. Der Gedichtdiskurs verspricht zweierlei : 1) dass einem noch unbestimmten Wesen, das nur von Pronomina repräsentiert wird, gezeigt werde, «wie es komme, dass ihm was erscheine». 2) Der Diskurs verspricht zusätzlich, zu zeigen, wie es komme, dass es (dieses Wesen, das wir Subjekt nennen), sich dazu versteige, zu meinen, dass es dieses Erscheinen «wahrhabe». Es handelt sich also um das Versprechen, eine doppelte Kausalität zu enthüllen. Wir zeigen, dass die beiden Teile des Versprechens einander widersprechen und so zu einem Paradox führen. Dieses öffnet eine Kluft im Diskurs des Gedichts und in dieser Kluft erscheint die wahre Ursache, welche die Rede des Gedichts ankündigt. Damit theorisiert der Dichter auf logischer Ebene seinen Begriff der poetischen Freiheit. Sie erlaubt es, die inschrift in der Schrift in einer Reihe weltlicher Dinge zu nennen – «träne», «schere», «schraube», «terzine», «schreibmaschine», die auf den ersten Blick einer surrealistischen Montage gleichen, jedoch kohärent sind. Wir lesen in ihr die Avatare eines Subjekts, das seine weltliche Existenz auf sich nimmt, um schließlich in der «schraube» der letzten Terzine zu verschwinden und die inschrift als künstliches Wesen, als «schreibmaschine», fortzusetzen, als akzeptiere es seinen Todestrieb, was, laut Slavoj Zizek, für jeden entscheidenden Akt Voraussetzung ist. In diesem Fall für einen poetischen Akt, der uns zu denken gibt.

In den sechziger und siebziger Jahren des vorigen Jahrhunderts lief ich zwei Autoren über den Weg, die mich bis heute beschäftigen. Dieter Roth (DR), den ich nur flüchtig kannte, und Reinhard Priessnitz (RP), mit dem ich mich zwischen 1966 und seinem Tod im Jahr 1985 immer wieder traf. Was beide Künstler verbindet, ist nicht nur die Qualität ihrer Werke – das eine ausufernd, das andere im Vergleich zu ihm schmal – sondern auch ihr Mut, das Unmögliche, das Unerträgliche, das Übersehene, also das von Lacan so genannte Reale anzusteuern. DR, indem er mit großer Strenge die Formlosigkeit, den Verfall, das Unglück, das Genießen und die Krankheit, grelle Kontraste zur Schönheit seiner Werke, in die Kunst einführte; RP, weil er in seiner Jugend den Beweis erbrachte, dass Konstruktivismus, mit dem ja auch Dieter Roth angefangen hatte, mit lyrischer Inkandeszenz vereinbar war, und später aus den Unmöglichkeiten des Schreibens Gedichte machte. Roth und Priessnitz haben noch etwas gemeinsam – großen Humor[2].

Dass Fiktionen zum Realen vordringen können, wie der Traum zum Unbewussten, beweisen z. B. die Fiktionen von Jorge Luis Borges; sie evozieren das Unendliche, verwenden Paradoxe und Aporien. Priessnitz wollte der Fiktion ihr Geheimnis und sie damit auseinandernehmen. Er benutzte sie, um ihre Mystifizierungen zu entlarven. Damit entdeckte er für das Schreiben Neuland. Besser als Duchamp die junge Braut zieht er die Literatur aus. In der dritten Strophe seines Gedichts *orvieto* (siehe zum Folgenden das am Ende des Aufsatzes abgedruckte Gedicht) arbeitet er dabei mit einer «schere», um das zum Vorschein zu bringen, was das Subjekt sich lieber nicht vorstellen will:

«in schrift sei eine inschrift, doch als schere,
an einem sockel, mitten auf der heide,
wo wieder dieses selbe es begehre,
dass es in immer ähnliches sich kleide,
weil es auf diese weise dann erfahre,
was es sich vorzustellen stets verleide,
was es, beschert von sich, noch in sich wahre, ...»

RP erkannte früh, dass Wahrnehmung und Erlebnis nur mit den Netzen der Diskurse eingefangen werden können. Er schrieb, was Denken hergibt, was die Diskurse zurückhalten und der Schein verspricht. Statt «wahrnehmen» verwendet er in der siebenten Zeile von *orvieto* das Verb «wahrhaben» und kündigt damit auch gleich an, dass es ihm um die Frage geht, was aus der Wahrheit wird, die sich in einer «Struktur der Fiktion erweist[3]», wenn das Denken diese Struktur zerlegt. Er horcht die Diskurse und ihre Stimmen aus und bannt dann die Laute in Schrift, die er wie ein Menetekel an die Wand der Literatur wirft. Er macht aus Stimmen schreiende Stille. Die Alliteration von Schrei und Schreiben, wie es sie auch im Französischen gibt (*cri* und *écrit*), vermeidet er, so wie er alles Pathos scheut. Trotzdem wirkt diese phonetische Nähe bei ihm. Sein Schrei war die Stille der Schrift. Die Wahrheit wird bei ihm von keiner Wahrnehmung garantiert. Sein Liebesgedicht *reise* (1964) zieht seine Sinnlichkeit aus seiner zerklüfteten Geographie und der Anatomie des zerstückelten Körpers. Die traurigere *dunkle drift*[4] stammt aus seinen Lehrjahren und knüpft bei Hölderlin und Trakl an.

Statt «sein» liest man «sei», Konjunktiv anstelle von Indikativ in den drei großen letzten Gedichten – *triest* (1974), *orvieto* (1975), *der blaue wunsch* (1977). Zwei Städte, davon eine sehr alt, *urbs vêtus*; die andere, *urbe Tergestina*, lag am Rande mehrerer Reiche und wurde James Joyces' erstes Exil. Und schließlich die Realisierung eines Wunsches, der, weil blau im Titel, zuerst als unrealisierbar abgetan scheint. Verwirklichung, ja, und zwar aus dem Unmöglichen.

Die vier Strophen von *orvieto* bestehen jeweils aus drei Terzinen. Das Gedicht entwickelt in vier seinen Strophen entsprechenden Schritten eine vierteilige «inschrift[5]». Das heißt auch, dass die erste inschrift der ersten Strophe in die drei anderen inschriften übergeht, sie enthält, wie sie und die drei anderen in der schrift enthalten sind. Man könnte *orvieto* auch als Kanon lesen, bei welchem vier Rezitatoren in bestimmten Abständen jeweils eine Strophe lesen und das ganze Gedicht beliebig oft wiederholen, wird es doch in der letzten Terzine (Vers 34) als «schreibmaschine» bezeichnet.

Das Wort «inschrift» am Anfang der Strophen wiederholt die Präpositionalgruppe «in schrift». Das im ersten Konjuntiv stehende Zeitwort «sei» verleiht jedem Strophenauftakt im jeweils ersten Vers eine eigentümliche Zweideutigkeit : Einerseits signalisiert der erste Konjunktiv eine Festsetzung, die eine gedankliche Konstruktion lanciert wie z.B. in einem mathematischen Theorem («Sei n eine Zahl...»); andererseits kann er auch eine übertragene Rede («es heißt, dass es so sei...») anzeigen. Würde der Autor nur die Produktion der inschrift fiktiv oder axiomatisch festlegen, müsste er im ersten Vers seines Gedichts statt ‹in schrift sei eine inschrift eintrompetet› nicht eher schreiben: ‹in schrift werde eine inschrift eintrompetet›? Er würde mit diesem Konjunktiv «werde» sagen, dass er die «inschrift» in die Schrift eintrage, sie schaffe. Gebraucht er das Verb «sei», so sagt er auch, dass von der inschrift in der schrift irgendwo schon etwas steht oder gesagt wurde, dass die betreffende «inschrift» schon in der Schrift sei. Er würde uns z. B. mitteilen, dass er von ihr gelesen hat, ja, dass er sie lese, wenn er (sie) schreibe. Will Priessnitz mit seinem «sei» beide Lesarten zugleich notieren, sie einander überlagern? Sowohl das Konstruktionsprinzip als auch das epische Prinzip (‹es steht geschrieben›) gelten in diesem Gedicht. Das epische schon deshalb, weil eine inschrift die andere ankündigt und dabei auch auf die vorher gehenden inschriften zurückverweist.

Während im Einleitungsvers des Gedichts dem Hilfszeitwort «sei» das Verbum «eintrompetet» folgt, findet man in den drei weiteren Strophen kein solches Partizipium, das aussagen würde, wie die «inschrift» in die «schrift» gerät. Das Partizipium «eintrompetet» ist so ziemlich das einzige Wort, das man mit der umbrischen Stadt Orvieto in Verbindung bringen kann, genauer, mit dem Fresko, auf welchem Luca Signorelli in der Capella San Brizio des Doms von Orvieto die Auferstehung nach dem Ende der Welt darstellte. Bevor Priessnitz Orvieto besuchte, hatte er wahrscheinlich schon die zwei Arbeiten Freuds über sein eigenes Vergessen des Namens Signorelli, des Malers der «letzten Dinge», die der Begründer der Psychoanalyse im Dom von Orvieto bewundert hatte, gelesen[6]. Der Germanist Thomas Eder erkennt in dem Vers «sockel, grade auf dem teige» den Felsen wieder, auf dem die Stadt steht[7]. Die Assoziation der «eintrompeteten» «inschrift» mit dem Auferstehungsfresko Signorellis scheint mir weniger imaginär als Eders geologische Bemerkung, sieht man am Fresko doch zwei mächtige Engel, welche die Toten mit langen Posaunen erwecken.[8]

Wer Priessnitz' Gedicht aufmerksam liest, wird feststellen, dass in ihm aus dem «Knochen der Schrift[9]» ein seltsam geisterhaftes Wesen hervorgeht, das immer mehr belebt wird, bis es am Ende «als terzine» mit dem Gedicht verschmilzt und «sich selbst in schreibmaschine / in schrift die inschrift gebe» (letzte Strophe).

Das Wort «Trompete» kommt auch im Motto zu Priessnitz'Gedicht *am offenen mehr* vor, auf das mich Eckhard Rhode hinwies, als ich über *triest* arbeitete. Priessnitz stellt dem Gedicht *am offenen mehr* (mit seinen «arschposaunen») den Vers Jakob van Hoddis' voran: «nu, warum blust de die trompeit?». Von Anfang an wird die phonetische Komponente in *orvieto* persifliert, gedämpft, in einen tauben Raum eingefangen. Die tote Schrift bekommt die Oberhand, aus ihr entsteht ein künstliches Leben – «vitamine» lautet das letzte Wort des Gedichtes[10].

Die erste Strophe enthält eine komplizierte Exposition. Ihr dritter Vers spielt auf die Genesis an, die Schöpfung der Tiere und Adams aus Lehm, vielleicht auch auf den Mythos vom Golem, den Priessnitz wohl aus Gustav Meyrinks Roman kannte. Aus der Masse dieses teiges[11] wälzt ein Gewälztes «etwas». Was wird hier anderes gewälzt als Gedanken? In Österreich spricht man von großen dicken Büchern als «Wälzern». Es handelt sich also um Denken und Wissen. Geht Denken der Schrift voraus oder folgt es ihr? «Was geschrieben ist, wurde es gedacht?», fragt Lacan am 8. Mai 1972 in seinem Seminar[12]. Von wem wurde es gedacht? Das kann man nicht immer sagen. Die gewälzten Gedanken stammen vielleicht aus Wälzern. Lacan spricht vom «Schwanz der Gedanken» wobei er mit Worten spielt: «queue des pensées», nichts als Gedanken, zufolge des Idealismus, der behauptet, es handle sich ja um nichts als Gedanken, nur um Gedanken (*que des pensées*). – Auch im Deutschen lässt sich da ein Wortspiel finden: Es sind ja (Sch)nur-Gedanken – der Schwanz der Gedanken, das heißt, das Subjekt, insofern es hypothetisch ist, *hypokeimenon* bei Aristoteles, ein Kometenschweif von Gedanken, von dem man gar nicht mehr sagen kann, von wem sie gedacht wurden. Priessnitz' Konjunktive in der ersten Strophe seines Gedichts sprechen für diese Hypothese.

«dort wälze ein gewälztes als durchknetet
aus seiner masse etwas, was dem zeige,
  wie es denn komme, dass ihm was erscheine,
  wovon es anzunehmen sich versteige,
dass es es wahrzuhaben wirklich meine
  und was es längst als aufgegeben wähne,
schriebe sich nicht das folgende ins reine:»

Diese 7 Verse setzen dem Lesen beträchtliche Schwierigkeiten entgegen, sie sind aber auch entscheidend für die Lektüre des ganzen Gedichtes. Ein «gewälztes» wälzt «etwas» aus seiner Masse: der Masse des «gewälzten» oder der des «teiges» könnte man fragen? Von diesem «etwas» heißt es, dass es «durchknetet» ist. Vom «gewälzten» sagte ich, dass es meiner Ansicht nach für Gedanken steht.

Schwieriger ist die Frage zu beantworten, worauf die Fürwörter «dem», «ihm» und «es» in den Versen 4, 5 und 6 hinweisen. Bezieht sich «dem» auf «etwas» oder auf «gewälztes»?

Ich glaube, dass die Pronomina «dem», «ihm», «es» ein und dasselbe vertreten, nämlich ein anderes als «etwas», ein nicht genanntes, ein nicht nennbares Subjekt. Vielleicht sollte man von einer geisterhaften Subjekthälfte sprechen, deren andere Hälfte eben «etwas» ist.

Dieser andere, gespenstische Subjektteil wird von «etwas» affiziert. «etwas» zeigt ihm, was in den Versen 5 bis 8 gesagt wird:

«wie es denn komme, dass ihm was erscheine,
  wovon es anzunehmen sich versteige,
dass es es wahrzuhaben wirklich meine»

Jedenfalls verweisen die Pronomina «dem», «ihm», «es» auf keine Person, auch nicht auf den Autor, was aber nicht heißt, dass sie nichts mit ihm zu tun hätten. Halten wir auch fest, dass dieses «etwas», dieses «es», kurz: dieses geisterhafte Subjekt, das wir der Einfachheit halber auch als «etwas» bezeichnen, schweigt, nichts sagt. Die Rede, die Stimme, die da spricht, kommt von einem Anderen. «es» kommt in dieser Rede vor, von «ihm» wird gesprochen, es wird geformt auch «informiert», als wäre «es» ein beliebiges Element der Rede des Gedichts, bis sich diese Eingliederung als unhaltbar erweist, weil die Rede des Anderen entgleist, und «es» aus seinem anaphorischen Schlaf in der Rede des Anderen zu substantivischen Avataren (träne, schere, schraube, terzine, vitamine) «erwacht». Etwas künstlich müsste dann auch ihm unser Kommentar eine Stimme verleihen, denn immer wird nur von ihm, dem von «etwas» abgeleiteten Subjekt, gesprochen.

Der Kern, der das ganze Gedicht bestimmt, steht zwischen dem 4. und dem 9. Vers der ersten Strophe. Folgt man der Rede des Gedichts, so geht ein «etwas» aus einer gewälzten (Gedanken-)masse hervor und dieses «etwas» zeigt einem anderen («dem», «ihm», «es»),

«wie es denn komme, dass ihm was erscheine» (Zeile 5)

Das Verbum «zeige(n)» – es reimt sich in seinem Konjunktiv mit «teige» – verweist auf Zeichen, aber nicht nur auf Zeichen als semiotische Elemente. Das «Zeigen» (*monstrare*) hat hier einerseits die aus der Sphäre des Heiligen kommende Funktion des Numinosums, es ist ein «Wink», etwas, das entschlüsselt werden soll, es gehört aber auch der Demonstration, dem rationalistischen Beweisdenken an. Auch im Traum «zeigt es»[13].

Vers 5 leitet also eine Kausalfrage ein. Sie wird nicht einfach durch das Fragewort «warum» eingeleitet wie in einer der Leibniz'schen Formulierungen des Satzes vom Grunde: Heidegger übersetzt sie so:

«Grund ist in der Natur, warum etwas vielmehr existiert als nichts».[14]

Und diesem «etwas» soll gezeigt werden, wie es denn (überhaupt) komme, dass «ihm was erscheine». Also eine Kausalfrage und zwar eine besonders komplexe.

Der doppelbödige «Grund» kommt auch in *kapitän siebenstrophig*, einem frühen Gedicht von RP vor:

«und ganz ohne grund ohne grund auf gittern
unter fremden brisen ein meerstern grüsst»

Wenn ich diese Zeilen lese oder höre, erscheint mir etwas. Bei «ganz ohne grund» kann ich an «grundlos», aber auch an «tief» denken, beim grüßenden Meerstern an die Venus am gestirnten Himmel oder die Muttergottes im Kirchenlied. Es sind die Sätze des Dichters, die das, was in meiner Vorstellung erscheint, auslösen, die mich zu ihrer Interpretation einladen. Sie setzen sich mit anderen Sätzen und Worten in Beziehung und so tauchen Erscheinungen vor meinem inneren Auge auf.

Die Frage, «wie es denn komme, dass ihm was erscheine» – wobei «ihm» «etwas» vertritt – könnte natürlich auch die Ursachen dieser Erscheinungen und die Beschreibung der kognitiven und cerebralen Vorgänge fordern, die zu diesem Erscheinen beitragen.[15]

Da bis zu dieser Stelle nicht gesagt wird, *was* in aller Welt da erscheint[16], kann das, was ihm da erscheint, alles Mögliche sein, die vier Verse mit ihren Fragen mit inbegriffen. Man könnte zum Beispiel argumentieren, dass es dieser Fragesatz selbst sei, der das Erscheinen auslöse. Dazu käme als Ursache noch das, worauf das «was» der Erscheinung sich bezieht, das aber nur der Dichter kennt. Handelte es sich nur um den Fragesatz («wie es denn komme, dass ihm was erscheine ...») hätte man es mit einer poetischen Tautologie zu tun. Eine unbefriedigende Auskunft! Es wäre natürlich auch denkbar, dass der Inhalt der Erscheinung in all dem vorhergehend Gesagten bestehe, in der «schrift», der «inschrift», dem «eintrompeten», dem «sockel», dem «teig» etc. Vielleicht sollte man den von diesen Wörtern und Sätzen ausgelösten Vorstellungen noch die unheimliche Stimme hinzufügen, welche fragt, «wie es denn komme, dass ihm was erscheine»,
eine bohrende, in den Versen 5, 6, 7 und 8 wie in einem Verhör anschwellende Stimme, die Stimme eines Anklägers, der ein Geständnis erpressen will.

Dass «ihm was erscheine», erhebt nicht nur die Frage nach der Ursache («wie es den komme »). Das, was da erscheint, eben «was», wird sogleich in den Versen 6 und 7 in Frage gestellt. Dieses «was» im Vers 5 ist der Gegenstand einer Annahme, deren Subjekt «es» ist. Und dazu noch qualifiziert der Text diese Annahme als eine Verstiegenheit:
«wovon es anzunehmen sich versteige».

Was wird angenommen? Nicht das, «was» da erscheint! Sondern vielmehr der Glaube, vielmehr das Meinen, dass «es» dieses Erscheinende, «was», «wahrzuhaben wirklich meine». «Es» versteigt sich zur Annahme, dass es dieses «wahrzuhaben wirklich meine». Dem Verbum «meinen» schickt der Autor das Adverb «wirklich» voraus und das heißt, dass «es» an seinem «Wahrhaben» eigentlich zweifelt und sich erst zu einem wirklichen Meinen oder Glauben versteigen muss.

Ist denn aber dieser Vorwurf der Verstiegenheit begründet? Er ist vor allem ein raffinierter Schachzug des Autors. Um ihn zu erklären, müssen wir ihn zuerst unabhängig von seinem Kontext untersuchen. In diesem Fall besteht von vornherein weder Grund noch Ursache, dass das gewälzte und geknetete «etwas» irgendeine Wirkung auf den ausübt, «dem» (von ihm, dem «etwas» einige Zeit später) eben gezeigt werden wird, «wie es denn komme, dass ihm was erscheine», also die Ursache des so Erscheinenden. Wenn dieses «dem», oder «ihm» oder «es», das wir ab jetzt der Bequemlichkeit halber «Subjekt» nennen werden, von «etwas» (noch) nicht affiziert wird, so hat es einfach fantasiert, dass ihm was erscheine. Und der Vorwurf ist in diesem Fall die Kritik seines Fantasmas. (Wir schließen hier den Fall einer dem Erscheinen zugrunde liegende Halluzination aus, weil sie unser Exposé unnötig komplizieren würde).

Die in der Kaskade der Verse 5, 6, 7 und 8 enthaltene Kritik des Fantasmas ist raffiniert, weil sie – unabhängig vom im 4. Vers versprochenen realen Effekt des «zeigens», des Zeichens – die Frage nach der Ursache stellt: Wie kommt es, dass jemandem etwas erscheint, der sich dazu versteigt, wirklich zu meinen, dass er das, was ihm erscheine, «wahrhabe»[17]?

Die Kritik dieser «Meinung», dieses Fantasmas, verdichtet sich im Wort «Verstiegenheit». Mit ihr tritt aber auch die Frage der Kausalität in den Vordergrund. Straff ausgedrückt, wenn ich mich dazu versteige, wahrzuhaben, was mir erscheint, muss ich mich fragen, warum mir das überhaupt erscheint. Habe vielleicht ich selbst diese Erscheinung hervorgebracht? Wenn dem so ist, warum weiß ich nicht, dass ich der Urheber meiner Erscheinung bin? Warum versteige ich mich dazu, die Erscheinung wahrzuhaben? Dort, wo wir eine Ursache suchen, tut sich also ein Loch auf, das nur mit der ganz unsicheren, ja deliranten Hypothese gestopft werden kann, ich sei der Urheber meiner Erscheinung.

Gehen wir nun einen (Zeit-)Schritt weiter. Die Stimme in der Verskaskade (4 bis 8) verspricht die Offenbarung der Ursache dafür, dass «ihm», unserem Subjekt, «was» erscheine. Die Offenbarung werde vom gewälzten und gekneteten «etwas» geleistet, verspricht die Stimme des Gedichtdiskurses.

Von dem, was ihm erscheint, behauptet die Stimme aber, dass es aus seiner Verstiegenheit hervorgehe. Das Subjekt meine nur, es wahrzuhaben. Wenn nun aber der Andere des Diskurses, der da seine Stimme erschallen lässt, recht hat, weil das gewälzte und geknetete «etwas» sein Versprechen hält, zeigt dieses («etwas») ein «was», dessen Herkunft mit dem Wort «Verstiegenheit» kennzeichnet wurde, oder zeigt es etwas anderes, Solideres, etwas Wirkliches?

Indem also «etwas» das zeigt, was die Verskaskade angekündigt hat, löst es deren Versprechen ein und macht die Ankündigung im Gedichtdiskurs wahr. Es zeigt also die Ursache vom dem, was falsch, weil (fantasmatisch) verstiegen ist. Man wird einwenden, dass der Fehler im Fantasma mit der Wahrheit der Einlösung des Versprechens nichts zu tun hat. Dieser Einwand ist jedoch voreilig. Denn die Wahrheit im Zeigen, die Wahrheit des Zeichens beruht ja im Zeigen der Ursache des Erscheinens. Dagegen hat auch das verstiegene «wahrhaben» dessen, was erscheint, eine Ursache. Das sind aber nicht die gleichen Ursachen und sie widersprechen einander. Genau in diesem Widerspruch setzt Priessnitz den Grund des Hervorbringens jener Avatare des Gedichts an, welche die inschriften weltlich tragen: träne, schere, schraube, terzine, vitamine.

Ab der zweiten Strophe (Vers 10 bis Vers18) wird die «inschrift» in der «schrift» zur ersten weltlichen Substanz, einer «träne», wobei man, im Unterschied zum ersten Vers des Gedichts, wo die inschrift in die schrift «eintrompetet» ist, nicht weiß, wie die inschrift in die schrift der zweiten Strophe gerät. Das lässt vermuten, dass die «inschrift» der zweiten Strophe und auch jene der dritten und vierten Strophen die «inschrift» der ersten fortsetzen, also zu dieser gehören, nämlich als «inschrift(en)» der inschrift. Das der ersten Strophe entsprechende Verb (« eintrompetet ») fehlt jedenfalls in den anderen drei inschriften.

Die Einführung dieser Substanz und dieser Sachen, welche die inschrift bilden, wäre einfach beliebige Montage, hätte man die Kausalfrage nach der Herkunft der Erscheinungen und die Kritik am Glauben an sie in der ersten Strophe nicht ernst genommen.

Aber der Dichter begnügt sich nicht damit, die Kausalfrage («wie es denn komme, dass ihm was erscheine …») zu stellen, seiner Frage geht die Anweisung, ja der Anspruch, voraus, dass «dem» (wobei «dem», wie wir behauptet haben, «etwas» und schließlich das Subjekt vertritt) gezeigt werde, was da in Frage steht. Das Gedicht bietet also eine autonome Struktur (*self-contained*) dar, in der nicht auf Gründe jenseits seines Textes verwiesen wird, zum Beispiel Reize, welche die Erscheinungen verursachen. Das gilt natürlich mit der Einschränkung, dass die Inklusion der Ursache nur in Wunschform vorgetragen steht.

Die Frage steht also im Konjunktiv. Dieser hat eine zweideutige Funktion. Einmal dient er der Konstruktion, die das Gedicht inszeniert. Der Konjunktiv kann aber auch ein Hörensagen vermitteln: Es heißt, dass «in schrift (…) eine inschrift eintrompetet (sei)». Es wird berichtet wie in der Geschichtsschreibung, wie in einer Chronik, und die Wahrheit der Behauptungen ist nicht unbedingt bewiesen.

Wie wir oben argumentiert haben, tut sich eine Kluft auf zwischen dem Erscheinen und dessen in Frage gestelltem Wahrhaben. Genau diese Kluft rechtfertigt aber die Konsistenz der in den Versen 4 bis 8 aufgestellten Behauptungen: Die Schrift liefert im Laufe ihrer Entwicklung im Gedicht Erscheinungen, unter anderem die Erscheinungen der Infragestellungen des Subjekts, das diese wahrhat, wenn «etwas» ihm die wahre Ursache dessen, was erscheint, «zeigt». Würde das Subjekt die von der Stimme vorgebrachte Kritik an seiner Annahme seines «Wahrhabens» unüberprüft akzeptieren, sich mit der kritisierenden Stimme identifizieren, wäre es völlig entfremdet: Es könnte von dem, was ihm erscheint, gar nichts mehr «wahrhaben», wäre also dem, was ihm erscheint, als einem ihm völlig Fremden ausgeliefert. Es müsste die Ursache seines Erscheinens auf die Autorität der Stimme reduzieren. (Das Subjekt würde sich so unterwerfen: Es erscheint mir das, was ich höre, das du sagst). Das Subjekt kann aber aus dem Widerspruch des Anderen auch seine Freiheit ableiten, die Ursache seiner Erscheinung zu wählen und aus ihr die Struktur des Gedichtes zu schaffen[18].

Aus dieser logischen Kluft in der Rede des Gedichts über «etwas», «ihm», «es», dem gezeigt werden soll, «wie es denn komme, dass ihm was erscheine…», leitet sich die Freiheit des Subjekts ab, scheinbar beliebige weltliche Substanzen und Sachen zu wählen, welche als Träger der inschrift in den drei folgenden Strophen fungieren. Das Subjekt steht sogar im Zugzwang, es muss hier wählen, das geht aus den letzten drei Zeilen der ersten Strophe hervor:

«dass es es wahrzuhaben wirklich meine

und was es längst als aufgegeben wähne,
schriebe sich nicht das folgende ins reine: ...»
Die inschrift lässt nicht zu, dass das Subjekt seine Beteiligung an seinen Erscheinungen als aufgegeben wähne, sie setzt sich fort, sie schreibt sich einfach weiter, was mit dem gerade festgestellten logischen Bruch in der Rede des Anderen und der aus ihm ableitbaren Freiheit des Subjekts in Widerspruch zu stehen scheint. In Wirklichkeit setzt sich der Widerspruch im Weiterschreiben der inschrift fort. Aber die weltliche Substanz und die Sachen, welche die inschrift ausmachen, gehören zum Subjekt und nicht mehr allein zu der Rede des Andren, der das Zeigen der Ursache verspricht.

Genau an der Stelle, wo sich «das folgende ins reine» schreibt, findet das Subjekt in der sich auftuenden Kluft zwischen der Kritik an seiner Annahme, dass es diese Erscheinungen wahrhabe, und der Enthüllung der Ursache dafür, «dass ihm was erscheine», seine Freiheit.

Das Subjekt ist fantasmatisch beteiligt an seiner Erscheinung. Und der Text schließt nicht aus, dass ihm außer dem Verlauf dieser Beteiligung und der Kritik an ihr gar nichts anderes gezeigt wird.

Die Ursache dessen, was da erscheint, zeigt sich dem Subjekt vor allem als etwas, das sich nicht repräsentieren lässt. Hat es diese Leere einmal zur Kenntnis genommen, kann das Subjekt nun zustimmen, dass die Schrift anscheinend irgendwelche Substanzen oder Objekte zu Quellen seiner Erscheinungen mache. Es, das Subjekt nimmt die Kausalität dieser Setzungen von «träne», «schere» und «schraube», «terzine», «vitamine», auf sich, es wandelt sich in diesen Avataren. Dass diese Avatare in diesem Gedicht nicht eine beliebige Montage bilden, liegt nur daran: Das Subjekt kann in der Stimme des Anderen, die ihm zugleich einbläut, dass ihm die Ursache dessen, was ihm erscheint, gezeigt wird, und es wegen seiner Annahme, es nehme wirklich seine Erscheinung wahr, kritisiert, nicht nur ein grausames *double bind* entschärfen, sondern auch die Kluft im Anderen erkennen. In dieser Kluft siedelt sich die Ursache an, nach der die Stimme fragt und die sie zu zeigen verspricht. Erst an dieser Stelle des Übergangs zwischen der Exposition oder des Theorems von *orvieto* in seiner ersten Strophe und der Durchführung in den drei folgenden Strophen verwandelt sich das geisterhafte «etwas» zum sich wandelnden Subjekt der schrift.

Es ist ein Paradox, dass, ähnlich wie bei Kafka, gerade die Strenge der anklagenden Stimme, welche die fantastische Erscheinung des Subjekts kritisiert, zur dichterischen Freiheit führt. Die in der Frage «wie es denn komme, dass ihm was erscheine …» mitschwingende Anklage gräbt ein Loch in den Diskurs, über das nur der dichterische Sprung hinwegsetzen kann. Dichtung auf der Höhe von Priessnitz kann ohne das Zurück zu dieser Stimme nicht auskommen. Das Subjekt wird zur Antwort auf diese Stimme. Ohne seine Antwort zu geben, würde es sich gar nicht entfalten, denn der an «etwas», «ihn» und «es», seine Vorläufer, gerichtete Vorwurf der Stimme lautet ja, dass sie das Wahrhaben der Erscheinungen annehmen also nicht entscheiden, ob sie von diesen völlig entfremdet sind oder an ihnen zweifeln. Erst wenn sie als Subjekt auf die vernichtende Frage antworten, um die wälzende Sprache für einen Augenblick zu unterbrechen , gibt es eine neue schrift.

In ihr kann der Autor weltliche Elemente (Avatare) – träne, schere, schraube, terzine, vitamine – in seinen Text so einbinden, dass sie zu glaubwürdigen Erscheinungen für den Leser werden.

In den drei folgenden Strophen (2, 3 und 4) tragen die vier weltliche Substanzen, Sachen oder Formen die inschrift: träne, schere, schere, schraube, terzine, vitamine. Die drei ersten Substantive gehören den negativen Sphären des Schicksals an : die « träne » dem Schmerz oder der Trauer, die «schere» ist ein Werkzeug der imaginären Kastration (siehe den *Struwwelpeter*) und die «schraube» steht im Wiener Dialekt für eine Niederlage («eine Schraube kriegen» = eine hohe Niederlage beim Fußball erleiden). Ausgenommen davon ist die terzine, aber sogar die «vitamine» im Schlussvers dürften eine abfällige Note enthalten, als eine Substanz, deren ein geschwächtes Leben bedarf, künstliches Leben. Die «terzine» gehört insofern zu den negativen Elementen, weil das Subjekt sich am Schluss in ihr verfängt. *orvieto* liest sich wie eine in einer toten Sprache geschriebene Trauerode.

Die schrift braucht das Subjekt. Sie kann es sogar fressen[19]. Von diesem tödlichen Verhältnis zwischen dem Dichter und seinen Versen spricht Priessnitz in *tragödie*[20]:

«erinn'rungsfeucht, von silben selbst noch triefend,
   lass ich das mehr durchnässte stück vom stück
im sinn mir kleben; leg der zeile auch,
   in der ich eben bin, noch dithyrambisch,
      den regenmantel um (doch wollt ich nichts bemänteln)
und hol'pre stolpernd aus des verses szene,

nur pfützen hinterlassend, kringel, kritzel,
die, durch ein komisches gedächtnis übertragen,
mir zeigten, was zu zeigen ich versucht war.
lebt wohl!
(und stirbt bei vollem licht).»

In *orvieto* weist RP dieses Selbstopfer des Dichters zurück, kehrt den Vorgang um. Die enge Verwebung des Subjekts, das schon am Anfang von «etwas» affiziert wird, mit der Problematik der Schrift wird in den drei weiteren Strophen noch deutlicher. In der zweiten Strophe (Vers 10 bis 18) verwandelt sich die Inschrift in eine «träne», ein Wort, aus dem Dieter Roth eine ganze Reihe von Werken schuf. Hier sei nur an seine hinreißenden Inserate im «Anzeiger Stadt Luzern» erinnert, wo man z. B. liest: «Zwei Tränen sind besser als fünf Steine[21]», oder : «Wenn der Engel auffliegt und lässt seine Augen auf dem Tisch liegen, dann sind das 2 Tränen». Oder: «Jawohl, eine Träne keine[22] Träne als auch eine Träne sein».

Auch im Gedicht von RP dient die «träne» einer Einfügung. Die Inschrift als Träne auf einem Sockel gerät zur Suppe. Das, was wir als Subjekt identifizieren, wird hier vom Demonstrativpronomen «dies» vertreten, das also in eine Gesamtheit gerät («insgesamt»). Es entpuppt sich in seiner Funktion, kulinarisch «gerührt», erkennt, wozu es dabei dient: «nämlich als das, was diese suppe dicke». Hier ist es nichts als «mitglied dieser gruppe». RP zitiert in dieser 2. Strophe die Elemente seines eigenen frühen Gedichts *halsabschneiderei*:

«diese vielen kleiderpuppen

spucken mir in meine suppen

und dann schmeckt sie so nach blut

immer wechseln sie die tücher

einmal ebbe einmal flut

grosses meer und mitgliedsbücher»

Die inschrift als träne fällt in die suppe und in diese tropft das Subjekt, ein rechter Tropf, sie wird also zur Eintropfsuppe, eine in Wien geschätzte Suppenart. Ganz im Gegensatz zu dieser inschrift wirkt in der dritten Strophe eine schere als inschrift, eine schere «an einem sockel, mitten auf der heide», auf der sich nun auch das Subjekt, allein wie König Lear befindet, der allerdings noch dazu dem ihm unter die Haut gehenden Sturm[23] ausgeliefert ist. War das Subjekt in der zweiten Strophe der Tropf, der eine Suppe dickte, so wird in der dritten von ihm als «dieses selbe» gesprochen. Es entpuppt sich nicht mehr als eines, das zu anderem («mitgliedschaft bei dieser gruppe») gehört; jetzt soll es «in immer ähnliches sich kleiden».

«dieses selbe» wird in der 3. Strophe zu rätselhafter Konformität gezwungen. Es wird begehrt, «dass es in immer ähnliches sich kleide, …» (Vers 22). Wem oder was ähnlich, darf man hier fragen. Der Ausdruck «immer ähnliches» schließt die Differenz nicht aus. Man darf also vermuten, dass dieser Ausdruck für die Differenz zwischen dem Subjekt und dem Buchstaben der Schrift steht, als drohe das Subjekt gar mit einem Buchstaben zusammenfallen[24], wobei es doch verlöschen würde.

Aber gerade dieses in immer ähnliches Gekleidete verwahrt etwas, wahrt etwas in sich. Zuerst der Schere zum Opfer gefallen, wird es nun «*von sich* beschert[25]», erhält also Identität und wahrt etwas in sich, von dem es nichts wissen will: «weil es auf diese weise dann erfahre, was es sich vorzustellen stets verleide». Es «wahrt etwas in sich», von dem es nichts wissen will und das vielleicht sein Wertvollstes ist, sein *agalma*, das Objekt des Begehrens des Anderen. Die Scheue zu erfahren, was es in sich wahre, kontrastiert schreiend mit seiner Verstiegenheit am Anfang des Gedichts (6. Vers), wo es wirklich wahrzuhaben meint, was ihm erscheint. Die Erscheinung wird verstiegenerweise als wahrgehabt gemeint, das, was es wirklich in sich wahrt, will es sich nicht vorstellen.

Aus dieser Differenz zwischen der wahrgehabten Erscheinung (2. Terzine, 1. Strophe) und der Aversion gegen die Vorstellung des Kostbaren in sich Gewahrten (Letzte Terzine der 3. Strophe) entsteht schließlich in der Schluss-Strophe die inschrift als schraube. Priessnitz hat öfter mit der Alliteration von «schreibe» und «schraube» gearbeitet. Mit seinem Schreiben, seiner Schreibe, überwand er manche Niederlagen seines Lebens, auch dessen Ende, seinen Tod.

Nun kann das Subjekt als Terzine mit dem Gedicht verwachsen, durch den Staub gleiten, um sich selbst die Inschrift zu geben, und zwar in einer Schreibmaschine. Und diese Inschrift ist aus künstlichem Leben, klingt sie doch, «als rieche, schmecke sie wie vitamine».

Nur die in Schrift eintrompetete Inschrift erinnert an die «Letzten Dinge» Signorellis im Dom von Orvieto. RP schrieb vielleicht die ersten Dinge der dichterischen Schöpfung. *kleine genesis* heißt das Gedicht aus dem Jahr 1964, in welchem er den Film des düsteren Wiens seiner Kindheit, seiner ersten Welt, dreht. Spricht *orvieto* nicht auch von einer Schöpfung? Erwähnt haben wir schon Meyrinks *Golem*, einen populären Roman über die Schaffung eines künstlichen Menschen.

Was wird eingeschrieben? Ein Name, z. B. in das Geburtsregister. Hier eine inschrift in schrift. Das Gedicht entwickelt die inschrift über eine Reihe von Substanzen, Dingen oder Formen – Träne, Schere, Schraube, Terzine. Dazu gibt es aber noch eine geheimnisvollere Instanz, die von Pronomen (etwas, dem, es, dies …) vertreten werden, einer geisterhaften Präsenz, wir haben sie «Subjekt» genannt. Handelt es sich aber wirklich um ein Subjekt, im Sinn der Psychoanalyse? Das Subjekt der Psychoanalyse ist ein Mangel in der Kette der Signifikanten, wie zum Beispiel jener, der das Vergessen des Namens Signorelli hinterlässt. Der will Freud auf seiner dalmatinischen Reise nicht einfallen, als er einem Fremden den Besuch im Dom zu Orvieto zur Besichtigung der Fresken Luca Signorellis empfiehlt. Nur Ersatznamen wie Boltraffio und Botticelli kommen ihm ins Gedächtnis. In RP's Gedicht kommunizieren die von den Anaphern getragenen Vertreter der gespensterhaften Präsenz mit den Trägern der Inschrift, den Avataren ihres Subjekts, z. B. mit der in die Suppe tropfenden Träne, die auch ihr Sehnen nach Mitgliedschaft bei einer Gruppe fördert und zu ihrer die Metempsychose evozierenden Entpuppung beiträgt.

Schließlich wird das gleitende Subjekt selbst zur Terzine, also vom Gedicht ununterscheidbar und gibt als solcher Gedichtteil selbst die Inschrift in die Schreibmaschine. Durch den Dreh der Inschrift als «schraube» mündet der ganze Text mit seinem gespenstischen Wesen, das die Inschrift empfing, in das reale Ergebnis des Textes ein, als handle es sich bei ihm um eine Klein'sche Flasche. Nun riecht und schmeckt die zum Werk gewordene Inschrift «wie vitamine». Die gespenstische Instanz, die wir früher Subjekt hießen, verstärkte sich im Laufe der inschrift, sie entnahm von ihr Substanz, wurde also zum Symptom, ein Symptom an Stelle eines unsagbaren Namens.

orvieto handelt von Schöpfung, Geburt und Tod. In der in schrift eintrompeteten inschrift zeichnet sich ein pronominal repräsentiertes Wesen ab, ein «etwas», dem schon in der Exposition (erste Strophe) kognitive Fähigkeiten unterstellt werden: Was ihm erscheint, wird seinem Denken – annehmen, wahrhaben, meinen – unterworfen. In der zweiten Strophe tropft es in eine Suppe, wird Mitglied in einer Gruppe, wobei von ihm, einem echten Narziss, gesagt wird,

«als was es sich, gerührt, von sich entpuppe,
nämlich als das, was diese suppe dicke;»

Hier ist es also nichts als ein Massenwesen. In der dritten Strophe nähert es sich gefährlich der notwendigen Konformität der Schrift und ihres Buchstabens, wird aber gerade deswegen und obwohl es «in immer ähnliches sich kleide(t)» zum Objekt eines Begehrens. Es wird nun erfahren,
«was es sich vorzustellen stets verleide,» (Vers 24)
wovon es also nichts wissen will, nämlich warum es begehrt wird. Es wird begehrt, für das,
«was es, beschert von sich, noch in sich wahre;» (Vers 25).

Gerade sein beschertes Ähnlichwerden mit der Schrift, enthüllt seine Wahrheit. Was es nun «im zweifelsfalle glaub(t)», verweist zurück auf seine zweifelhafte Gutgläubikeit den Erscheinungen gegenüber. Es glaubt nun aber, dass eine inschrift als schraube, die der letzten Strophe, sich ihm in die Haare schmiere.

Die inschrift «als schraube» führt das vom «etwas» in der ersten Strophe betroffene Subjekt und seine Avatare in die «zeile», in die «terzine» zurück. Das Subjekt konnte sich nur als Differenz zur Schrift als «etwas» anderes als diese, etwas anscheinend Lebendiges generieren. Nun fällt es mit dem Buchstaben zusammen, stirbt. *orvieto* ist auch eine Trauerode über Geburt und Sterben, über Endlichkeit und den Schein des Artefakts. Schreiben erzeugt hier ein Wesen, das sich benimmt, als ob es lebe. Es ist jedoch nicht mehr als ein Golem, eine Puppe, eine schreibmaschine. Doch das Gedicht von Reinhard Priessnitz überlebt und verleiht ihm, seinem Autor, Unsterblichkeit.

Es genügt nicht, zu behaupten, Reinhard Priessnitz' (RP) späte Gedichte seien reflexive, sich selbst generierende Texte. In einer Arbeit über *triest*, einem anderen großen Gedicht aus derselben Epoche, bezeichneten wir sie eher als Protopoesie. Gerade bei einer «insistierenden Lektüre» (Jean Bollack) von *orvieto* wird klar, dass das strenge poetische Verfahren dieses Dichters auch zeigt, wie aus seiner Schrift die verschiedenen Avatare eines Subjekts hervorgehen, das in der letzten Terzine in den Text einmündet und zum Automaten wird. (Daher unsere Vermutung, dass sich RP beim Schreiben von *orvieto* vom Mythos des Golem inspirieren ließ.) Wir argumentieren auch, das Gedicht beklage das Scheinleben seines Subjekts im Text. Es «bejaht» damit den Todestrieb, wie man mit Slavoj Zizek sagen könnte. Dazu kommt RP aber nur dadurch, dass er in der Exposition des Gedichts (erste Terzine) eine logische Theorie dessen gibt, was man die «dichterische Freiheit» nennt. Diese speist sich bei ihm nicht mehr aus dem Triebwerk der Metaphorik. In der ersten Terzine entsteht aus dem «Eintrompeten» der «inschrift» in die «schrift» durch verschiedene Prozeduren («kneten», «wälzen») ein geknetetes «etwas», das einem anderen durch Pronomina Vertretenem, noch Unbestimmtem – wir nennen es «Subjekt» – etwas zeigen soll. Der Diskurs des Gedichts, wir sprechen auch von seiner Stimme, gibt dem «etwas» den Auftrag, dem Subjekt einen Kausalvorgang zu zeigen: Stark reduziert gesagt, soll es ihm zeigen, «wie ihm was erscheine». Hier baut der Dichter aber in dieses Versprechen, in diese Anordnung des Gedichtdiskurses eine raffinierte Klausel ein: Nicht nur, wie ihm was erscheine, soll dem Subjekt gezeigt werden, sondern auch, wie es denn komme, dass es das, was ihm da erscheine, «wahr zu haben wirklich meine». Ein Teil des Versprechens zu zeigen betrifft also die kausale Herleitung des Erscheinens eines Phänomens in Form von Zeichen. Ein zweiter Teil des Versprechens handelt vom Meinen und Wahrhaben des Subjekts, ja sogar von der Verstiegenheit seiner Adhäsion an seine Erscheinungen. Damit ergibt sich aber ein glückliches Paradox. Zeigt nämlich der Diskurs, wie das Subjekt durch sein Meinen das, was ihm erscheint, beeinflusst, wird sich das Fantasma des Subjekts verflüchtigen und alles, was ihm erscheint, wird ihm nun vom Diskurs, von der Stimme des Gedichts diktiert, ob diese nun das Wahre sagt oder nicht. Damit verliert aber die Brandmarkung der Verstiegenheit des Subjekts, die Kritik seines Klebens an seinem Fantasma, jede Notwendigkeit. Wenn der Diskurs des Gedichtes die Wahrheit sagt, hat das Subjekt die Erscheinungen und deren Ursachen auf ganz transparente Weise zu seiner Verfügung, es muss sie nehmen, wie sie sind. Warum sollte dann der Diskurs des Gedichtes noch von den verstiegenen Haltungen des Subjekts sprechen? Er sagt also auch das Falsche, wenn er das Wahre (ver)spricht. Der Einwand, das Subjekt erhalte die transparenten Erscheinungen (die Erscheinungen und ihre Ursachen) erst später als die noch undurchsichtigen (deren Ursachen es nicht kennt und die es fantasmatisch «wahrhat»), geht fehl. Denn das Subjekt geht nicht dem Diskurs des Gedichts voraus, sondern es wird aus diesem hervorgebracht. (Zum Beispiel geht das geknetete «etwas» dem voraus, dem die Ursachen seiner Erscheinungen von ihm gezeigt werden sollen). Zumindest sind die Verstiegenheitsvorwürfe gegen das Subjekt in dem Augenblick obsolet, in welchem ihm die Ursachen seiner Erscheinungen gezeigt werden.

Und selbst dann, wenn es alle Zeichen der Ursachen seines Erscheinens und das «was», den Inhalt dieses Erscheinens, wahrgenommen hat, wird der performative Satz des Gedichtdiskurses, welcher die Ursachen seines fantasmatischen Irrens denunziert, zu einer widersprüchlichen Anordnung. Das Fantasma ist ja in diesem Fall zusammengebrochen. Das Paradox bohrt ein Loch in den Diskurs des Gedichtes. Dieses Loch ist das, was dem Subjekt wirklich gezeigt wird. Und damit öffnet das Paradox auch der «inschrift» ihre dichterische Freiheit. Das Subjekt kann sich von der Determinierung durch den Diskurs loslösen. Folgerichtig treten in der zweiten, dritten und vierten Terzine Namen für die Inschrift auf (als «träne», «schere», «schraube», «terzine», «schreibmaschine»), die sich auf den ersten Blick wie eine surrealistische Montage präsentieren. Wir geben hingegen Gründe dafür, dass diese Reihe kohärent ist. Sie wird aus den Avataren des Subjekts entwickelt, das sich aus seiner anfänglichen Unterworfenheit durch den Gedichtdiskurs befreit und so weit geht, sich selbst in der Schraubendrehung der letzten Terzine zum Gedicht zu machen, sich als « schreibmaschine » künstlich lebend in ihm fortzuschreiben.

Reinhard Priessnitz
orvieto

in schrift sei eine inschrift eintrompetet,
   durch einen sockel, grade auf dem teige,
   dort wälze ein gewälztes als durchknetet
aus seiner masse etwas, was dem zeige,
   wie es denn komme, dass ihm was erscheine,
   wovon es anzunehmen sich versteige,
dass es es wahrzuhaben wirklich meine
   und was es längst als aufgegeben wähne,
   schriebe sich nicht das folgende ins reine:
in schrift sei eine inschrift, doch als träne,
   auf einem sockel, insgesamt in suppe,
   wo dies, als eingetropftes, so als sehne
es sich nach mitgliedschaft bei dieser gruppe,
   so rinne, weil es hoffe, es erblicke,
   als was es sich, gerührt, vor sich entpuppe,

nämlich als das, was diese suppe dicke;
   sodass sich ihm zu guter letzt erkläre,
   was es in folgenden terzinen stricke:
in schrift sei eine inschrift, doch als schere,
   an einem sockel, mitten auf der heide,
   wo wieder dieses selbe es begehre,
dass es in immer ähnliches sich kleide,
   weil es auf diese weise dann erfahre,
   was es sich vorzustellen stets verleide,
was es, beschert von sich, noch in sich wahre,
   weil wieder es im zweifelsfalle glaube,
   ihm schmierte folgendes sich in die haare:
in schrift sei eine inschrift, doch als schraube,
   auf einem sockel zwar, doch in der zeile,
   da gleite nun dies, eingestaubt vom staube,
so als terzine, die sich nicht beeile,
   dem ende zu, dass es vielleicht verdiene,
   sofern es nicht in fett gesetzt verweile,
weil es dann doch sich selbst in schreibmaschine
   in schrift die inschrift gebe, die so klinge,
   als rieche, schmecke sie wie vitamine..

(Quelle: reinhard priessnitz: vierundvierzig gedichte
edition neue texte/literaturverlag droschl, graz-wien
vierte durchgesehene auflage 2004, S. 37)

Notre interprétation du poème *orvieto* de Reinhard Priessnitz se fonde sur l'observation d'un paradoxe que le poète exprime dans le premier tercet, c'est-à-dire, dans l'exposition. La promesse ou le commandement qui y est articulé contient une contradiction. Le discours du poème fait deux types de promesses : 1) qu'à un être, encore indéfini, qui est seulement représenté par des pronoms, sera montré « wie es komme, dass ihm was erscheine » / « comment il se fait qu'à lui quelque chose apparaisse ». 2) Le discours promet en outre de démontrer comment il se fait que cet être (que nous nommons sujet), vient à penser qu'il « wahrhabe » / « prenne pour la vérité » cette apparence. Il s'agit alors de la promesse de dévoiler une double causalité. Nous démontrons que les deux pans de la promesse se contredisent et constituent ainsi un paradoxe. Celui-ci ouvre un abîme dans le discours du poème et c'est dans cet abîme que la vraie cause, annoncée, surgit. Ainsi le poète développe la notion de liberté poétique sur un plan logique. Cette conception permet de nommer ce qui s'écrit en écrivant (« die inschrift in der schrift ») dans une série des phénomènes terrestres et des objets profanes – « träne » / « larmes », « schere » / « ciseaux », / « terzine », « schreibmaschine » / « machine-à-écrire ». Si l'on se trouve à première vue face à un montage surréaliste, la séquence, pourtant est cohérente. Nous y lisons les avatars d'un sujet qui accepte son existence terrestre, pour enfin disparaître dans la « schraube » / « vis » du dernier tercet et puis poursuivre l'inscription des êtres artificiels en « schreibmaschine » / « machine-à-écrire ». Comme si le sujet acceptait son *Todestrieb* (pulsion de mort), ce qui, d'après Slavoj Zizek, constitue la condition de chaque acte décisif. Dans ce cas, d'un acte poétique qui nous donne à penser.

Our interpretation of Reinhard Priessnitz' poem *orvieto* implies that the poet brought a paradox into being, in the first tercet, the exposition. The promise or the array which is expressed there contains a contradiction. The discourse of the poem promises to deliver two different things: 1) that it is shown to a still indeterminate entity, which is represented only by pronouns, «wie es komme, dass ihm was erscheine » (how it is that something appears to him). 2) The discourse promises furthermore to show how it is that it (this entity which we refer to as subject) has the presumption to suggest that it «*wahrhabe*» (truly has) this appearance. Therefore, it is about the promise to reveal a double causality. We show that both parts of the promise contradict each other and therefore lead to a paradox. This opens a gap in the discourse of the poem and inside this gap the true cause emerges, which announces the poems discourse. With that, the poet theorizes his notion of poetical freedom on a logical level. This notion allows to state the inscription in the script as part of a range of mundane things – «tear» (*träne*), «scissor» (*schere*), «screw» (*schraube*), «tercet» (*terzine*), «typewriter» (*schreibmaschine*), which are prima facie akin to a surrealistic montage, but nevertheless are coherent. We read therein the avatars of a subject, which takes its worldly existence upon itself to eventually disappear in the «screw» of the last tercet and to proceed the inscription as an artificial entity, as a typewriter, as if it accepted its death instinct, which is prerequisite for every crucial act, according to Slavoj Zizek. In this case, it is prerequisite for a poetical act which makes us wonder.

Franz Kaltenbeck arbeitet als Psychoanalytiker in Lille und Paris sowie beim Service Médico-Psychologique Régional (SMPR) der Haftanstalt Sequedin, Centre Hospitalier Régional Universitaire in Lille. Er lehrt Theorie und Klinik der Psychoanalyse in Paris und Lille im Rahmen von *Savoirs et clinique*, einer Assoziation für Weiterbildung in Psychoanalyse, sowie im Seminar *Psychanalyse et criminologie* der SMPR in Lille. Er ist Chefredakteur von «Savoirs et clinique-Revue de psychanalyse» und Autor zahlreicher Arbeiten zur Psychoanalyse und Literatur. Er ist der Verfasser der Bücher «Reinhard Priessnitz. Der stille Rebell. Aufsätze zu seinem Werk» (2006) und «Lesen mit Lacan» (2013). Das Buch «Sigmund Freud. Immer noch Unbehagen in der Kultur?» (2009) ist unter seiner Leitung erschienen.

Franz Kaltenbeck est psychanalyste à Lille, à Paris et au Service Médico – Psychologique Régional (SMPR) de la Maison d'Arrêt de Lille Sequedin, Centre Hospitalier Régional, Université de Lille. Il enseigne la théorie et la clinique de la psychanalyse à Paris et à Lille dans le cadre de *Savoirs et clinique*, une association de formation permanente en psychanalyse, et au séminaire *Psychanalyse et criminologie* du SMPR de Lille. Il est le rédacteur en chef de « Savoirs et clinique. Revue de psychanalyse » et l'auteur de nombreux articles de psychanalyse et de critique littéraire. De plus il est l'auteur des livres « Reinhard Priessnitz. Der stille Rebell. Aufsätze zu seinem Werk » (2006) et « Lesen mit Lacan » (2013). Le livre « Sigmund Freud. Immer noch Unbehagen in der Kultur? » (2009) est paru sous sa direction.

Franz Kaltenbeck is a psychoanalyst in Lille and in Paris, as well as at the Service Médico-Psychologique Régional (SMPR) of the «Sequedin» Prison, Centre Hospitalier Régional, Université de Lille. He teaches psychoanalytic theory and clinic in Paris and Lille within *Savoirs et clinique*, an association for permanent education in psychoanalysis, as well as in the seminary *Psychanalyse et criminologie* of the SMPR de Lille. He is editor-in-chief of «Savoirs et clinique. Revue de psychanalyse» and author of numerous papers concerning psychoanalysis and literary criticism. He has written the books «Reinhard Priessnitz. Der stille Rebell. Aufsätze zu seinem Werk» (2006) and «Lesen mit Lacan» (2013). The book «Sigmund Freud. Immer noch Unbehagen in der Kultur?» (2009) has been published under his guidance.

Anmerkungen

1 Am 9. Oktober 2008 fand im Hamburger Thalia Theater ein von Christine Ratka und Eckhard Rhode veranstalteter Abend für Reinhard Priessnitz statt, bei dem Eckhard Rhode aus dem Werk des Wiener Dichters las und ich zu dessen spätem Gedicht *orvieto* sprach. Eine Kurzfassung meines Vortrags wurde in *manuskripte*, 183/2009, veröffentlicht. *Noch etwas zu orvieto* knüpft an den Text von 2008

an und wurde am 30. November 2012 in der «multiple box» in Hamburg vorgetragen. Zu dieser Veranstaltung unter dem Titel «Reinhard Priessnitz – Denken und Schreiben» lud wieder Eckhard Rhode ein. Er las Gedichte und die Übersetzung des 13. Sonetts von Shakespeare und hielt einen Vortrag; Ulf Stolterfoht las eigene und priessnitzsche Gedichte.

2 Nur zu zwei Dichtern unserer Tage konnte ich bisher schreiben: zu Eckhard Rhode und zu David Foster Wallace.

3 Lacan, J. (1966) Jeunesse de Gide ou la lettre et le désir. Dans: Ecrits 2, Paris, 217 ff. Zu Wahrheit und Fiktion siehe auch: Lacan, J. (1966) La science et la vérité. Dans: Écrits 2, Paris, 335 ff.

4 reinhard priessnitz (1994) *t*exte aus dem nachlass. edition neue texte. Graz, Wien, 33.

5 Ich behalte bei den meisten Wörtern, die aus dem Korpus des Gedichts *orvieto* stammen, die Kleinschreibung des Autors bei.

6 Freud, S. Zum psychischen Mechanismus der Vergesslichkeit. In : GW I, 519-527. Sowie: Freud, S. Vergessen von Eigennamen (in : Zur Psychopathologie des Alltagslebens)In : *GW* IV, 5-12.

7 Eder, T. (2003) Unterschiedenes ist / gut. Reinhard Priessnitz und die Repoetisierung der Avantgarde. München.

8 Die Trompete des Erwachens kommt auch in *Hamlet* (erster Akt, erste Szene) vor: «I have heard/The cock, that is the trumpet of the morn, ...»

9 Lacan, J. Le Séminaire XVIII. D'un discours qui ne serait pas du semblant. Texte établi par Jacques-Alain Miller (2011). Paris, 149.

10 In einer früheren Fassung des Gedichts (wahrscheinlich vor 1975 entstanden), die mir Thomas Eder zur Verfügung stellte, findet man «magarine» an Stelle von «vitamine», was die Künstlichkeit und den Schein, die das Gedicht thematisiert und mit dem Tod verbindet, noch stärker akzentuiert.

11 Der junge Dieter Roth buk eine seiner ersten Skulpturen aus Brotteig. Vielleicht kannte Priessnitz dieses Werk.

12 Lacan, J. Le Séminaire XIX. ...ou pire. Texte établi par J.-A. Miller (2011). Paris, 114.

13 Lacan ,J. (1973) Le Séminaire XI. Les quatre concepts de la Psychanalyse, Paris, 72: «ça montre».

14 Siehe: Heidegger, M. (1971) Der Satz vom Grund, Pfullingen, 52: « Eine der tiefsten unter den schweren späten Abhandlungen von Leibniz beginnt also (Gerh. VII, 289 ff.): Ratio est in Natura, cur aliquid potius existat quam nihil – «Grund ist in der Natur, warum etwas vielmehr existiert als nichts». Heidegger bemerkt, (43-44), dass das «Prinzip des Grundes» und das «Prinzip der Kausalität» («keine Wirkung ohne Ursache») von Leibniz in einem Prinzip zusammengefasst wurden («Nichts ist ohne Grund und keine Wirkung ohne Ursach»), dass aber jede Ursache «zwar eine Art von Grund, aber nicht jeder Grund (…) den Charakter der Ursache (zeigt)», schließt aber dann (44): «Das Kausalitätsprinzip gehört in den Machtbereich des Prinzips des Grundes».

15 « Etwas » wird hier wie ein menschliches Subjekt behandelt, während es doch nur eine grammatische Figur ist. Wir kennen seine weltliche Referenz nicht. Wir

sprechen von «etwas» als einem geisterhaften Wesen, später als einem Subjekt. Der Widerspruch wird am Ende aufgehoben.

16 An dieser Stelle muss der Leser entscheiden, ob der Autor von Erscheinungen spricht, die aus der Außenwelt kommen, oder von solchen, die «nur» vom Text ausgehen und nur die Textkomponente, die Subjekthälfte, «etwas» betreffen, affizieren. Für mich gilt die zweite Alternative, das heißt, dass der Text des Gedichts die Erscheinungen seiner Welt mit seinen logischen Abgründen generiert. In der *Vita Nova* behauptet Dante: «Nomina sont consequentia rerum». In seinem Seminar «L'insu que sait de l'une-bévue s'aile à mourre» 1976-1977, 8. März 1977, verneint Lacan diesen Satz : «Nomina non sunt consequentia rerum».

17 Der Leser möge bitte die komplizierten Wendungen bei der Paraphrasierung der Kaskade entschuldigen. Ich bemühe mich, die Terminologie von RP beizubehalten, obwohl das Verbum «wahrhaben» schwer lesbare Sprachverrenkungen fordert.

18 Eine Freiheit, die es auch im Traum gibt. Oft hört man als Analytiker Träume, von denen der Träumer oder die Träumerin sagen, sie seien nicht sicher, dass sie wirklich das erzählen, was sie in der Nacht geträumt haben. Genau dieser Zweifel spricht für die Authentizität der Erzählung. Lacan spricht in *Les quatre concepts fondamentaux de la psychanalyse*, op. cit., 44-45, vom *colophon du doute* (dem Fingerzeig des Zweifels).

19 «Car le poète se produit d'être (…) mangé des vers …» [Lacan, J. (2001) Radiophonie . In: *Autres Écrits*, Paris, 405]. Lacan spielt mit der Homophonie von *vers* (Vers) und *ver* (Wurm). Der von Würmern gefressene Leichnam findet sich zum Beispiel in einem Sonett des französischen Barockdichters Jean-Baptiste Chassignet.

20 *vierundvierzig gedichte*, op. cit., S. 50.

21 Roth, D. (1971/1972) Inserate/Advertissements im Anzeiger Stadt Luzern und Umgebung 1971/1972, 24, 61, 111.

22 Dieter Roth dürfte den Druckfehler « keine » statt « kann » in seinem Aphorismus absichtlich stehen gelassen haben.

23 Shakespeare, W. (1966) König Lear,. Akt III, Szene IV . Stuttgart, 59.«Thou think'st 'tis much that this contentious storm / Invades us to the skin» «Dir dünkt es hart, dass dieser wüt'ge Sturm / Uns bis zur Haut durchdringt » (Übersetzung von Schlegel und Tieck).

24 Lacan spricht an der oben zitierten Stelle seines Seminars … *ou pire* (115) vom Kometenschweif der Gedanken auch als Phallus. Im Seminar XVII (op. cit.) setzt er zudem noch den gestohlenen Brief (*la lettre volée*) mit dem Phallus gleich.

25 Von mir, FK, kursiv geschrieben.

Eckhard Rhode

«... eine Pranke in den Nacken der Erkenntnis ...»[1]

*

white horse song

weisse uhr (?) weisse kommu
nion (?) oder wenn alles (?)
sich zeigt also fragen (?) &
früh & das letzte gesicht er
lischt (?) mit dem was ich
sage sage mit dem was ich
(weisser mund? weisser zei
ger ich frage nach zeit oder
wenn alles erlischt mit dem
was ich) weisse (?) veilchen
strässe (?) zungenweis licht
(?) wo sie zaudern (?) viel
leicht ist alles vernäht (?)
& verflixt & überhaupt früh
(? weisse zungen & veilchen so
zaudernd so leicht so zu erst
? & ein strässlein licht er
lischt oder zeigt sich zeit
lich mit dem was ich) weisse
zeit (?) & öffnet die lippen
oder was sag ich (?) es ist
ein morgen zerbrochen & ganz
sozusagen sag ich & nicht ein
(?) mal das mit dem was ich (weis
se wiesen? & was? was? wenn ich
ich so zage was? & was? &
überhaupt guten morgen) so
weiss & weiss & weiss aber nicht
einmal zeit oder das (?) & wie
wie ich versage mit dem was ich
weiss oder sag oder zag oder
wenn alles erlischt oder
wenn alles sich zeigt[2]

*

Welche Form des Wissens ein Schriftsteller, ein Dichter, ein Poet für seine Arbeiten und für sich in Anspruch nehmen kann, diese Frage ist schwierig zu beantworten.
Ist sie überhaupt zu beantworten?
Oder ist sie nur falsch gestellt?

*

Ist poetisches Wissen ein immer auch unsicheres Wissen?
Weiß der Schriftsteller, der Dichter, der Poet, dass er mit seinem Wissen scheitern kann, scheitern muss, scheitert?

«… & wie / wie ich versage mit dem was ich / weiss oder sag …»[3] gibt das Gedicht von Reinhard Priessnitz zu lesen.

Ist das also selbst ein Scheitern: vom Scheitern schreiben?
Priessnitz schreibt hier jedoch nicht von einem Scheitern; er schreibt von einem Versagen seines Wissens.

*

Versagen:

das kann im Falle dieses mit Fragezeichen durchsetzten und einmal von oben rechts nach unten links schräg durchgestrichenen Gedichtes bedeuten, dass trotz des Durchstrichs etwas zu lesen bleibt, und dass dieser Text trotz der in Klammern stehenden Fragezeichen hindurch weiter gelesen werden kann, weiter gelesen werden soll.

Versagen bedeutet hier also kein Verschwinden des Textes; wahrscheinlich auch nichts Gelöschtes.

Versagen bedeutet hier vielleicht nur ein Missverständnis, ein Missverstehen. «In Case of Misuständig, read on!»[4]; diese Maxime findet sich in den Schriften Alfred Korzybskis, des Begründers der «Generalsemantik».

Wir können sie auch auf die Lektüre von Priessnitz «white horse song» anwenden und übersetzen: «Im Falle eines Missverstehens: lies weiter!»

*

Nach Leerstellen, weißen bzw. weiß gelassenen Stellen – wie man sie zentral in Priessnitz' Text «+ + +» findet[5] [6] – sucht man im «white horse song» vergeblich.

Der Text hat sich ja durchgängig, fast kompakt schreiben lassen;
als mögliche Lücken ließen sich in ihm aber die «... immer mehrererere(n)»[7] eingeklammerten Fragezeichen lesen.
Welche Fragen stellen sie uns?

*

Das «Versagen» wäre also auch nicht das Unaussprechliche, Unsagbare.
Es ist etwas anderes.

Das Versagen wäre hier wahrscheinlich der immer wieder wiederholte, immer wieder neu angesetzte Versuch, etwas zu sagen, das sich nur in Form von eingeklammerten Fragezeichen formulieren lässt.

Was die Fragezeichen und Klammern vertreten, für welche Leerstellen sie möglicherweise einstehen, ist eine weitere Frage.

*

Das, was sich stolpernd und wie in immer wieder neuen Anläufen sagen und schreiben lässt – wäre dies das Versagen?

In diesem Sinne: die Menge der Versuche, etwas von dem zu sagen, das sich entzieht, das sich vielleicht gar nicht sagen lässt: Die Menge dieser Versuche wird zum Text, ist der Text.

Seine Bewegung, sein Grund erinnert an Samuel Becketts markanten Satz: «Gemalt wird, was zu malen hindert.»[8] [9]; da dieser Satz, dieser Gedanke Becketts im Zusammenhang seines ihm vorhergehendes Satzes: «Zu repräsentieren bleiben die Bedingungen des Sich-Entziehens.»[10] zu lesen ist, deute ich Becketts Gedanken übertragen so:

«Geschrieben wird, was sich dem Schreiben entzieht.»

*

Das, was sich dem Sagen entzieht, das, was sich dem Schreiben entzieht – welches Verhältnis hat dies zum Wissen?

Es wäre sicher falsch, zu behaupten, dass das, was sich dem Sprechen, dem Schreiben entzieht, nicht gewusst wird.

Zu den Anläufen, etwas von dem zur Sprache zu bringen, was sich ihr entzieht, gehört ein Wissen um das, was sich entzieht.

Hätte dieses Wissen um das, was sich der Sprache entzieht, etwas mit einem möglichen poetischen Wissen zu tun?

Wäre poetisches Wissen ein Wissen um das, was sich der Sprache entzieht?

Und wäre der so mögliche Text die Spur dieses Entzugs?

*

Wäre poetisches Wissen also ein Wissen um das, was sich der Sprache entzieht, ihr mangelt, fehlt, Leerstellen und Löcher in ihr hinterlassen hat und hinterlässt?

Und ließe sich also weiter mit Recht behaupten, daß der Dichter Reinhard Priessnitz, indem er etwas nicht weiß, sich etwas ihm versagt, nicht nur etwas weiß, sondern einiges von der Dichtung weiß;

wie er es ja in seinem Brief an Chris Bezzel vom 9. Juli 1979 in Bezug auf die allmähliche Verfertigung seines Gedichtes «zitronen» notiert hat:
«das ganze fabrizieren ging etwa unter dem gesichtspunkt von ‹geht›, ‹geht nicht› vor sich, und es wäre sicherlich interessant, warum für mein empfinden damals das eine ‹ging› respektive eben ‹nicht ging› (jakobson und halle würden das schon wissen, freud und lacan auch und viele andere, *aber ich habs halt damals am text erfahren und ausser diesem nicht – bislang – zu formulieren vermocht*).»[11]

*

Mit diesem «Prankenhieb des Dichters»[12] möchte ich schließen.

*

Mein kurzer Text, der vom Versagen eines Wissens oder Sprechens anlässlich einer Lektüre von Reinhard Priessnitz' Gedicht «white horse song» schreibt, führte während seines Sich-Schreiben-Lassens zu der Frage, wie etwas von dem, das sich dem Schreiben oder Sprechen entzieht, dennoch geschrieben und gesprochen werden kann. Karl Kraus notierte bereits 1911: «Ich lasse mich nicht hindern zu gestalten, was mich hindert zu gestalten.»

Mon texte court écrit la défaillance d'un savoir ou d'une parole à l'occassion de ma lecture du poème «white horse song» de Reinhard Priessnitz. En le laissant s'écrire il m'a mené à la question comment quelque chose de ce qui échappe à l'écriture ou à la parole peut pourtant être écrit ou parlé. Karl Kraus, lui, a déjà noté en 1911: «Je n'accepte pas d'être empêché de former ce qui m'êmpèche de former.»

My short text writes the failure of one knowledge or speaking on the occasion of my reading of Reinhard Priessnitz' poem «white horse song». As letting-itself-be-written, it leaded to a question how something of that which eludes the writing or speaking, nevertheless, can be written or spoken. Already in the year 1911, Karl Kraus noticed: «Ich lasse mich nicht hindern zu gestalten, was mich hindert zu gestalten.» (I do not let myself hinder from shaping what hinders me to shape.)

Eckhard Rhode, geboren 1959 in Oldenburg i. O., lebt seit 1980 in Hamburg. Schriftsteller, Schauspieler, Gastronom; Veröffentlichungen seit 1984. Redakteur von «Y». Analytische Arbeit mit Franz Kaltenbeck seit 1997. Betreibt mit Astrid Wettstein und Burhan Samanci seit 1990 in Hamburg das von Hans Thalgott gestaltete Restaurant «Marinehof».

Eckhard Rhode, né en 1959 à Oldenburg i. O., vit depuis 1980 à Hambourg. Écrivain, comédien, gastronome ; publications depuis 1984. Rédacteur de « Y ». Travail analytique avec Franz Kaltenbeck depuis 1997. Tient avec Astrid Wettstein et Burhan Samanci depuis 1990 le Restaurant « Marinehof » à Hambourg (dessiné par Hans Thalgott).

Eckhard Rhode, born 1959 in Oldenburg i.O., lives and works in Hamburg since 1980. Author, actor, restaurateur. Publications since 1984. Editor of «Y». Analytical work with Franz Kaltenbeck since 1997. Runs the

Restaurant «Marinehof» in Hamburg (designed by Hans Thalgott) along with Astrid Wettstein and Burhan Samanci since 1990.

Anmerkungen

1. Benn, G. Sämtliche Werke (1986) Gedichte 1. Stuttgart, 34, 365.
   Reinhard Priessnitz (1945-85) hat mehrfach auf die Bedeutung dieses «bis November 1916» entstandenen Gedichtes: «Durchs Erlenholz kam sie entlang gestrichen ----» hingewiesen. Sein Gedicht «wischung» bezieht sich darauf. priessnitz, r. (2004) vierundvierzig gedichte. graz/wien, 32.
2. priessnitz, r. (2004) vierundvierzig gedichte. graz/wien, 9.
3. Ibid., Zeilen 29-31.
4. Rolf Dieter Brinkmann zitiert diese Textstelle Korzybskis mehrmals; siehe: Brinkmann, R.D. (1979) Rom, Blicke. Hamburg, 199. Ich zitiere hier Korzybski so, wie ich ihn bei Brinkmann zitiert fand.
5. priessnitz, r. (2004) vierundvierzig gedichte. graz/wien, 11.
6. Franz Kaltenbeck hat «+ + +» ausgezeichnet kommentiert. Siehe: Kaltenbeck, F. (2006) Reinhard Priessnitz. Der stille Rebell. Graz-Wien, 63-82.
7. priessnitz, r. (2004) vierundvierzig gedichte. graz/wien, 29.
8. Beckett, S. (2000) Das Gleiche nochmal anders. Frankfurt, 46. («Maler der Verhinderung»).
9. «Ich lasse mich nicht hindern zu gestalten, was mich hindert zu gestalten.», notiert Karl Kraus bereits 1911 in: ‚Die Fackel' Nr. 326/327/328,39.
10. Beckett, S. (2000) Das Gleiche nochmal anders. Frankfurt, 46.
11. «ein brief von reinhard priessnitz»; zitiert bei bezzel, c. (1986): «zwischensprache»; Sprache im technischen Zeitalter 100, 278.
12. Diese Formulierung verdanke ich Franz Kaltenbeck.

Programm der Kölner Akademie für Psychoanalyse Jacques Lacan KAPJL

Sitz: Goebenstraße 3, 50672 Köln
Information: praxismzw@web.de oder 0049 221 9320982

Regelmäßige Cartelle zu folgenden Texten Jacques Lacans:
Das Seminar, Buch X, «Die Angst» (1962/1963),
«Namen des Vaters» (1963)

Öffentliche Lektüregruppe in der Tagesklinik Alteburger Straße Köln zum III. Buch des Seminars Jacques Lacans «Die Psychosen» (1955/1956) [Information: Béatrice Lefèvre-Ludwig, bealud@web.de]

Lektüregruppe in Paris zu «Freuds Fall der jungen Homosexuellen (1920)» [Information: Susanne Müller, suzanne.muller@yahoo.fr]

Regelmäßiges Grundlagenseminar

Ringvorlesungen «Einführungen in die Psychoanalyse Jacques Lacans» an der Albertus Magnus Universität Köln, Albertus Magnus Platz 1 (Uni-Hauptgebäude), drei Mal an einem Donnerstag in jedem Semester.

Regelmäßige klinische Gruppen, Supervision, Intervision und Kontrollanalyse.

Vorankündigungen:

Februar 2014, Universität Bonn: Workshop zu «Psychoanalyse und Philosophie».

6.- 8. September 2014: Internationale Tagung « Psychoanalyse und Psychiatrie» in der Psychiatrischen Klinik Marienheide. Hauptvortrag von Darian Leader.

Franz Kaltenbeck
Lesen mit Lacan
Aufsätze zur Psychoanalyse

ISBN: 978-3-938880-60-9
Gebunden, 16 x 24 cm, 334 Seiten
EUR 45,00 [D] / 46,30 EUR [A] /
59,90 CHF UVP

Erhältlich im Buchhandel
oder unter parodos.de

Es gibt wohl kaum einen zeitgenössischen Psychoanalytiker, der in Lehre und Forschung vielfältiger wirkt als Franz Kaltenbeck. Mit diesem Band wird das Denken Kaltenbecks, der vor allem im französischsprachigen Raum publiziert hat, einem deutschsprachigen Publikum zugänglich gemacht. Er umfasst, zum großen Teil in deutscher Erstveröffentlichung, psychoanalytische Beiträge z. B. zu Freud, Miller, Poe oder Joyce und vor allem zu bzw. mit Lacan.

Franz Kaltenbeck ist Psychoanalytiker in Paris und Lille, u.a. beim Service Médico-Psychologique Régional der Haftanstalt Sequedin, Centre Hospitalier Régional Universitaire in Lille; er ist Chefredakteur von Savoirs et clinique. Revue de psychanalyse.